Einleitung

Eigentlich lieben wir uns noch, wir kommen nur so selten dazu

»Eigentlich müssten wir zufrieden sein«

So oder so ähnlich lautet das Mantra der Generation Burnout. Große Ziele und überdurchschnittliches Engagement begünstigen die Erfüllung von Lebensträumen, haben aber auch Nebenwirkungen. Immer höher, schneller, weiter, immer optimal. Doch wer zu sehr für etwas brennt, läuft irgendwann Gefahr auszubrennen. Burnout im Beruf ist ein weitverbreitetes Phänomen, und die meisten erwischt er im vollen Lauf. Aber Burnout in der Beziehung? Auch hier führen überhöhte Erwartungen an sich selbst und den Partner zu Problemen. Wenn die Laune dann in den Keller geht, alles zu viel wird und der Partner nur noch nervt, wird schnell an seiner oder ihrer Liebe gezweifelt. Doch das ist oft ein Trugschluss, der schlimme Folgen haben kann. Lassen Sie es nicht so weit kommen. In meiner Praxis konnte ich schon vielen Paaren, die mitten in einem Beziehungs-Burnout steckten, wieder zu einer schönen und beglückenden Partnerschaft verhelfen. Entscheidend war dabei die richtige Reihenfolge, mit der wir das Problem aufgelöst haben. Erst das ICH, dann das DU und dann die LIEBE. Erst das ICH, weil nur jemand, der wieder voll in seiner Kraft und mit sich selbst im Reinen ist, noch genügend Energiereserven hat, um sich angemessen dem Projekt »Gute Beziehung« widmen zu können. Dann das DU, weil Sie erst im zweiten Schritt wieder in der Lage sind, den anderen richtig wahrzunehmen, seine Sicht der Dinge zu verstehen, um dann liebevoll zu kommunizieren und Lösungen für gemeinsame Probleme zu finden.

Sobald das geschehen ist, folgt der dritte Schritt, in dem Sie lernen, welche Möglichkeiten Sie haben, um Ihre LIEBE wieder so aufblühen zu lassen, dass Sie zur tragfähigen Basis eines gemeinsamen Lebens werden kann. Dieses Buch fasst diese drei Schritte so zusammen, dass Sie, auch ohne therapeutischen Beistand, Ihren Weg zurück in eine glückliche Beziehung gehen können. Natürlich arbeiten im Optimalfall beide daran, ihrer Partnerschaft wieder eine stabile und liebevolle Basis zu geben. Doch selbst wenn zunächst nur einer von beiden die Ratschläge dieses Buches für sich umsetzt, wird damit eine Dynamik in Gang gesetzt, welche die Beziehung spürbar verbessert. Und da der erste Schritt, in dem es um das ICH geht, ohnehin von jedem allein gegangen werden darf, möchte ich Sie nun ermutigen, sofort loszulegen. Je schneller wir das ICH wieder zum Erblühen gebracht haben, desto eher können auch die anderen Schritte folgen.

Beziehungs-Burnout und berufliches Ausgebranntsein gehen oft Hand in Hand

Eine Liebesbeziehung hat nichts mit Leistung zu tun. Trotzdem starten nicht wenige Menschen mit hohen Idealen eine Beziehung und möchten beste Freunde, ideale Liebespartner, vollendete Gastgeber und (gegebenenfalls) perfekte Eltern sein. Nicht wenige streben zusätzlich noch Erfolg im Beruf an. Doch zu großer Erwartungs- und Leistungsdruck tut der Liebe nicht gut. Perfektionismus in der Partnerschaft führt zwangsläufig zu Überanstrengung und Enttäuschung, der Verlust von Leichtigkeit und Lebensfreude ist vorprogrammiert. Das daraus resultierende Bedürfnis nach Ruhe und Harmonie kann so weit gehen, dass Probleme verdrängt und Bedürfnisse gar nicht – oder erst viel zu spät – angesprochen werden. Unter Aufopferung und Überforderung leidet bei vielen die Erotik, und die Libido lässt nach. Irgendwann beschränken sich die körperlichen Begegnungen – selbst bei vorher sehr aktiven Paaren – auf das Kuscheln vor dem Fernseher.

Lassen Sie es gar nicht erst so weit kommen. Wenn für innige Zweisamkeit weder Zeit noch Kraft übrig bleiben, ist es höchste Zeit, zu handeln.

Sie waren stets bemüht

Während für Kollegen und Nachbarn so manches Paar noch einen glücklichen Eindruck macht, redet dieses schon über eine Trennung oder denkt zumindest darüber nach. Das Traurigste daran ist, dass es einigen dieser vermeintlichen Traumpaare *eigentlich* an nichts fehlt. Zumindest reden die Betroffenen sich das noch lange ein. Berufliche Erfolge, eine tolle Wohnung, Wunschkind(er) oder finanzielle Sicherheit hatten leider nicht den erwarteten Glückseffekt. Stattdessen ist da immer häufiger das Gefühl, nur noch »zu funktionieren«.

Wenn die Liebe depressiv wird, ist das die Folge eines verlorenen Kampfes gegen das eigene Idealbild. Enttäuschung, Frust, Sehnsucht, Angst oder gar Wut sind nicht unbedingt der Stoff, aus dem Hollywoodträume gemacht sind, aber diese und ähnliche Emotionen gehören nun mal zum Beziehungsleben dazu.

Wer sich diese Gefühle nicht eingesteht und sie ständig verdrängt, neigt dazu auszubrennen. Deshalb erwischt es besonders häufig die Perfektionisten. In allerbester Absicht geben sie mehr, als Körper und Psyche auf Dauer leisten können. Unangenehme Gefühle wie Müdigkeit, Enttäuschung oder Widerwillen werden beiseitegeschoben. Die psychischen Folgen können mit jemandem verglichen werden, der unangenehme, aber dringende Anrufe immer wieder wegdrückt und dabei versehentlich sein Telefon ganz abschaltet. So werden wichtige Nachrichten verpasst, und selbst positive Informationen kommen nicht mehr durch. Die ständige Verdrängung wird zur Überforderung und verlangt ihren Tribut. Schließlich lässt sich das Telefon gar nicht mehr anschalten. Es bleibt stumm. Die Betroffenen sind erschöpft und fühlen sich leer. Dann ist der Kontakt zu den eigenen Gefühlen unterbrochen.

Wer sich selbst nicht richtig fühlt, kann auch die Nähe zum Partner nicht mehr richtig spüren. Die zunehmende Distanz der Partner verhindert die zur Heilung nötige Geborgenheit und Unterstützung. Doch zum Glück lässt sich dieser Zustand mit den richtigen Maßnahmen erstaunlich schnell rückgängig machen.

Overworked and underfucked

Paare, die zu mir in die Praxis kommen, fühlen sich oft sehr hilflos und ahnen nicht, wie leicht sie die sprachlose Resignation beenden könnten. Es gibt aber auch Fälle, in denen der Burnout bereits zum Freak-out mutiert ist. Dann reicht zu Hause ein einziges falsches Wort, und es kommt zur emotionalen Explosion. Was die Betroffenen leider in der Regel nicht wissen, ist, dass sie es mit den typischen Symptomen eines Burnouts zu tun haben: Rückzug und Aggression, Eskalation und Resignation. Zudem werden die Ursachen dafür oft an den falschen Stellen vermutet. Gesucht wird dort, wo es am leichtesten ist – im Außen. Und wer sucht, der findet, selbst wenn es häufig die Falschen trifft. Der Partner, der Job, die Kinder, die Umstände – die anderen sind schuld! Doch die Zerstörung ist hausgemacht. Sie entsteht nicht außen, sondern im Inneren. In der Art, wie Sie über sich selbst nachdenken, wie Sie mit sich selbst sprechen und welche absurd überzogenen Anforderungen Sie an sich selbst stellen.

Deshalb ist die übliche Verordnung von mehr Zweisamkeit oder das reine Training von Kommunikationstechniken meist nicht zielführend. Ohnehin ist unter Stress die Fähigkeit zur liebevollen Interaktion beeinträchtigt. Dafür würde man nämlich ein zuverlässig arbeitendes Gehirn benötigen. Jenseits eines Herzschlags von neunzig Schlägen pro Minute, also bei starker Anspannung, ist das jedoch nicht mehr gewährleistet. Unter Stress greift das menschliche Gehirn auf Mechanismen zurück, die ursprünglich dazu dienten, das Überleben zu sichern – und nicht die Beziehung.

Fight-or-Flight-Syndrom

Rein biologisch betrachtet, ist es in einer extremen Stresssituation unmöglich, klar zu denken. Dies kann der Fall sein, wenn beispielsweise ein schlimmer Streit unter Partnern ausgebrochen ist. Die Aktivitäten des Gehirns finden dann in Hirnregionen statt, die zu Beginn der Menschheitsgeschichte angelegt und in der Kindheit maßgeblich geprägt wurden. In diesem Zustand ist es ausgeschlossen, rational zu reagieren und objektiv zuzuhören, geschweige denn, Liebe zu empfinden. Je länger die Situation andauert, desto mehr gleichen wir den Neandertalern: Wir reagieren reflexhaft und ohne lange nachzudenken mit Aggression oder Flucht. Das Blut wird so umverteilt, dass die höher entwickelten Bereiche unseres Gehirns kurzfristig unterversorgt sind und zu wenig Sauerstoff erhalten, um die gewohnte emotionale Intelligenz zur Verfügung stellen zu können. Medizinisch betrachtet, könnte man sagen, dass in solchen Momenten mehr Cortisol im Umlauf ist, als der Liebe guttut. Für Aktionen, die für das Überleben zu »luxuriös« (weil unnötig) sind – wie Nachdenken oder gar Empathie –, stellt der Körper in diesem Moment keine Ressourcen zur Verfügung. Die Großhirnrinde läuft im Notbetrieb und ist daher zu smarten oder gar liebevollen Reaktionen nicht mehr in der Lage. Für viele meiner Klienten ist es eine enorme Erleichterung und der erste Schritt zur Verbesserung der Beziehung, wenn sie verstehen, dass nicht mangelnde Liebe oder fehlende Zuneigung zu bösen Worten geführt haben, sondern Stress, Überforderung und falsch verstandene Rücksichtnahme die missliche Lage begünstigt haben.

In meiner Praxis

Wenn Paare die Hilfe eines Therapeuten in Anspruch nehmen, liegt meist schon einiges im Argen. Die Situation ist schwierig und beide sind sehr unglücklich. Dann soll es schnell gehen, und aus diesem Grund entscheiden sich die meisten meiner Klienten auch für einen Intensivtag statt für wöchentliche Sitzungen. Entlastung und Entspannung sind jetzt wichtiger als alles andere. Deshalb arbeite ich nicht mit der üblichen non-direktiven Therapeutenhaltung, sondern agiere eher wie ein Coach, gebe klare Handlungsanweisungen und erkläre die dazu notwendigen Tools. Wenn ich mit Burnout-Paaren in meiner Praxis spreche, lasse ich gerne ein altes Gebot der Paartherapie unbeachtet, nämlich den Verzicht auf Einzelsitzungen. Indem ich mit beiden Partnern unmittelbar nach einer gemeinsamen Sitzung zunächst zwei Einzelgespräche führe, erhalte ich sehr ehrliche Aussagen. Häufig wird mir dann gebeichtet: »Ich fühle mich so leer. Ich habe das Gefühl, ich funktioniere nur noch. Ich weiß nicht mehr, was ich will und ob ich überhaupt noch liebe.« Während in der gemeinsamen Sitzung noch behauptet wurde, dass beide einander lieben und auf jeden Fall zusammenbleiben wollen! In den Einzelsitzungen sind, dank der gebotenen Schweigepflicht, die wahren Ursachen schnell erkannt. Unter vier Augen kann ich optimal unterstützen und dem Einzelnem individuelle Strategien an die Hand geben. Ähnlich werde ich auch in diesem Buch vorgehen. Wer die Techniken nutzt und wieder zu sich selbst gefunden hat, der kann sich auch für den Partner öffnen. Wenn Sie sich selbst verstehen, sind sie anschließend besser in der Lage, die Beziehung und einander zu begreifen. Als Initialzündung für diesen Prozess schicke ich meinen Klienten einen Test bzw. Fragebogen nach Hause, mit dem sie sich vor ihrem Intensivtag eingehend beschäftigen sollen. Beziehungsarbeit ist umso effektiver, je intensiver sich alle darauf vorbereiten. Viele berichten mir, dass allein schon die Auseinandersetzung mit dem Fragebogen bei ihnen sehr viel in Gang gesetzt hat und sich erste wichtige Erkenntnisse auftaten. Damit auch Sie von meinem Fragebogen profitieren können und diese Lektüre maximal effektiv für Sie wird, finden Sie diesen im übernächsten Kapitel »Ein Test mit ein paar Fragen zum Nachdenken«.

Beipackzettel

Dieses Buch ist für interessierte Frauen und Männer gleichermaßen geeignet. Da ich in meiner Praxis auch Menschen begleite, die in einer gleichgeschlechtlichen Partnerschaft leben, habe ich mich für die neutrale Bezeichnung »Partner« entschieden und auf die den Lesefluss störende Formulierung »Partner/in« verzichtet. Die Erfahrung zeigt ohnehin, dass viele Rollenklischees nicht auf jedes Individuum anwendbar sind, weil Frauen oft männliche und Männer oft weibliche Verhaltensmuster zeigen. Da bei einem Burnout die Harmonie und Kooperationsbereitschaft innerhalb der Beziehung meist zu wünschen übrig lässt, ist dieses Buch so angelegt, dass Sie sehr effektiv allein damit arbeiten können. Natürlich dürfen Sie es auch gerne zu zweit lesen und gemeinsam profitieren.

Ziele, Ideale und die liebesfeindliche Realität

Erst küssen sie sich, dann streiten sie sich, dann lieben sie sich, dann streiten sie sich wieder. Erst mit dem Traumpartner auf Wolke sieben und irgendwann bei der Paartherapie oder gleich vor dem Scheidungsrichter. Am Anfang war alles wunderschön und irgendwann nur noch bitterer Ernst, während die Umwelt sie oft noch für ein glückliches Traumpaar hielt. »Wie konnte es nur so weit kommen?«, werde ich dann von meinen Klienten gefragt. »Kann man denn nicht einfach immer so glücklich sein wie am Anfang einer Beziehung?« – »Warum funktioniert es nicht, obwohl wir uns beide die allergrößte Mühe geben?« – »Warum ist es für uns einfacher, ein berufliches Ziel zu erreichen als ein privates?« – »Wie kann es sein, dass ich das nicht hinkriege?«

Weil es Ihnen niemand wirklich beigebracht hat. Weil Lieben und Verliebtsein zwei völlig verschiedene Dinge sind. Der Zustand der Verliebtheit überfällt uns mehr oder weniger ungewollt und lässt sich nur schwer unterdrücken. Wir verlieben uns in einen Menschen, *weil* wir ihn attraktiv, sympathisch, intelligent oder ... finden. Unsere Zurechnungsfähigkeit lässt dabei vorübergehend etwas zu wünschen übrig. Warum das so ist, werde ich gleich noch näher erklären. Liebe ist dagegen eine ganz bewusste Entscheidung. Wir lieben einen Menschen, *obwohl* wir seine Macken, Ecken und Kanten kennen. Wahre Liebe muss sich erst entwickeln. Eine erfüllte Beziehung benötigt Engagement und keine Zielvorgaben – genauso wie ein schöner Garten. Selbst wenn ein preisgekrönter Landschaftsarchitekt ihn hingebungsvoll angelegt hat, erfordert ein Garten regelmäßige Arbeit und Pflege: gießen, säen, düngen und manchmal ein wenig Unkraut jäten. Allein Luft und Liebe reichen weder für einen Garten noch für eine Beziehung. Und an den Blättern ziehen, damit diese schneller wachsen, hilft bekanntlich auch nicht.

Wie auf Droge

Wer frisch verliebt ist, hat nicht nur eine veränderte Ausstrahlung, auch die Wahrnehmung ist verändert. Kennen Sie dieses Phänomen? Verliebte fühlen sich oft wie auf Droge. Das ist auch kein Wunder, denn laut der Anthropologin Helen Fisher wird das Gefühl des Verliebtseins im gleichen Hirnabschnitt hervorgerufen wie eine Kokainsucht.[1] So hat der andere auf einmal enorme Anziehungskraft und scheint all das zu haben, worauf man ein Leben lang gewartet hat. Die Beteiligten sind freigiebig, bereit, alles zu geben und so viel Zeit wie möglich miteinander zu verbringen. Einige Frischverliebte würden in dieser Phase sogar ihr Leben füreinander riskieren. Mit wachsender Begeisterung lesen sie sich jeden Wunsch von den Augen ab. Ein solches Verwöhnprogramm lässt sich natürlich nicht auf Dauer aufrechterhalten.

Wer verliebt ist, unterliegt aber auch einer Täuschung. Von Amors Pfeil getroffen, freuen Sie sich, endlich den Menschen gefunden zu haben, der Ihnen alles gibt, was Ihnen bisher im Leben gefehlt hat. Je ausgeprägter die Verschiedenheit zwischen den beiden Turteltauben ist, desto heftiger entflammt ihre Leidenschaft. Der andere Mensch hat alles, was Ihnen fehlt, ist scheinbar die ideale Ergänzung. Scheinbar. Auch wenn es kaum zu glauben ist, genau diese Fehleinschätzung ist die Wurzel für fast all Ihren späteren Beziehungsfrust. Besonders gefährdet sind an diesem Punkt die Perfektionisten. Denn sie legen in der idealisierenden Phase besonders anspruchsvolle Maßstäbe fest, an denen sie später ihren Partner, die Beziehung und sich selbst be- und verurteilen. Ein folgenreiches Unterfangen, zumal die Zurechnungsfähigkeit in der Verliebtheitsphase zu wünschen übrig lässt. Der Neurowissenschaftler Antonio Damasio hat Verliebtheit sogar als einen »kurzfristigen Hirnschaden« bezeichnet.[2] Im deutschen Wort »ver-liebt«« scheint der Irrtum bereits enthalten – wie »laufen« und »ver-laufen«. Der Psychiater und Autor Jorge Bucay beschreibt das Verliebtsein als einen »Zustand wahnhafter Verschmelzung mit manischer Überspanntheit«.[3] Kein guter Zeitpunkt also, um die inneren Richtlinien für das zukünftige Beziehungsglück festzulegen.

Der Entzug

Wer Glück hat, bei dem hält die Phase der Verliebtheit zweieinhalb Jahre an. Bei den meisten Paaren dauert sie nur ein paar Monate oder gar Wochen. Nachdem die rosa Brille zunehmend an Tönung verloren hat, schleicht sich die ernüchternde Realität ein. Mit dem Alltag lässt die hochmotivierte Großzügigkeit nach und die Verliebten fühlen sich wie auf Drogenentzug. Der Quell der Glückseligkeit mutiert plötzlich zu einem ganz normalen Menschen mit Ecken, Kanten, Fehlern und dummen Angewohnheiten. Statt Geschenken und wohlwollender Nachsicht gibt es zunehmend Ansprüche und Forderungen. Viele erkennen nun die wahren Wesenszüge der angehimmelten Person – ungeschönt und ohne den verklärenden Endorphin-Nebel. Diese Eigenschaften können sich von denen, die Sie bei Ihrem Liebesobjekt anfangs zu erkennen glaubten, erheblich unterscheiden. Genau das haben Sie womöglich als Veränderung wahrgenommen. Tatsächlich hat sich nur der Blickwinkel geändert, weil einige wichtige Hirnzentren während der ersten Verliebtheit vorübergehend wie deaktiviert waren. Denn die drogenähnliche Wirkung des Liebeszaubers hat einige Regionen im Kopf vorübergehend außer Gefecht gesetzt. Bereiche des Gehirns, die unter anderem für rationales Handeln und Entscheiden sowie für soziale Einschätzung und Menschenkenntnis zuständig sind, arbeiten in dieser Zeit nicht so zuverlässig wie gewohnt. Erst wenn die anfängliche Verliebtheit vorbei ist, sind Sie überhaupt in der Lage, Ihren Partner mit halbwegs realistischen Augen zu sehen.

Kaum ein Mensch verändert sich von heute auf morgen – er wird nur anders wahrgenommen. Aus den Wesenszügen, die Sie durch Ihre rosa Brille hinreißend fanden oder von denen Sie dachten, sie würden vergehen, sind Eigenschaften und Schattenseiten geworden, die Sie vielleicht zunehmend nerven. Jede Münze hat bekanntlich zwei Seiten – so kann aus einem Mann, der Sie einmal beruhigt und geerdet hat, ein Langweiler und eine fürchterliche Couch-Potato werden. Die vormals so spontane und lebenslustige Frau scheint plötzlich sprunghaft und schrecklich nervös zu sein. Die feurig Leidenschaftliche wird zur Dramaqueen und männliches Selbstbewusstsein zum arroganten Machotum.

Vorbei ist es mit den rosaroten Vorstellungen, die nach und nach ersetzt werden durch unspannendere Erfahrungen aus dem Alltag. Statt dieser Ent-Täuschung, also dem Ende der eigenen Täuschung, möchten wir die Leichtigkeit des ersten Miteinanderseins zurück. Für viele Paare mündet die Entzauberung in einem mehr oder weniger offenen Machtkampf: Sei wieder so, wie du warst! Sei so, wie ich dich will! Vor allem Menschen mit sehr hohen Idealen fällt es dann schwer, ihre Ansprüche wieder auf ein erfüllbares Normalmaß herunterzuschrauben. Eine Zeit lang lief doch alles wunderbar. Dann muss man sich halt einfach mehr anstrengen. Aus gut gemeint wird schlecht gemacht. Der zunehmende Druck zermürbt die Liebe, entfremdet die Partner und kann einen Beziehungs-Burnout in Gang setzen.

Jede Partnerschaft hat schwierige Phasen

In jeder Beziehungsgeschichte gibt es schwierige Phasen. Krisen und Konflikte entstehen vor allem dann, wenn ein Entwicklungsschritt ansteht. Die Lösung ist dabei selten auf der Paarebene zu finden und verbirgt sich eher hinter einem persönlichen Konflikt. Jedes Mal haben Sie als Paar die Wahl: Entweder Sie stellen sich den jeweiligen »Hausaufgaben« und setzen sich mit sich selbst, Ihren Themen und Bedürfnissen erfolgreich auseinander oder Sie drücken sich, verdrängen die Probleme oder fliehen wohlmöglich sogar in eine neue Beziehung. Das Problem und der dahinter verborgene Wachstumsschritt sind damit natürlich nicht erledigt, sondern nur vertagt – der Kreislauf beginnt von vorn.

Eine erfüllte Partnerschaft braucht viel Engagement und Ausdauer – vor allem, wenn es schwierig wird. Liebe heißt auch, durchzuhalten und nicht bei jeder kleinen Schwierigkeit alles hinzuschmeißen, sondern sich zu behaupten und das Beste zu geben, um gemeinsam ans Ziel zu gelangen. Das heißt nicht, um der Harmonie willen alles zu ertragen und runterzuschlucken. Wenn Sie hingegen eine schwierige Phase richtig einordnen und angemessen darauf reagieren, können sie nicht nur das Schlimmste verhindern, sondern werden daran wachsen. So deklariert das griechische Wort »krisis« nicht eine aussichtslose Lage, sondern kündigt die Unterbrechung bzw. Wende – also schon das nahende Ende einer kritischen Situation – an. Da heißt es: Kopf hoch, jetzt kann es nur noch besser werden!

Ein TEST

Mit ein paar Fragen zum Nachdenken

Damit ab heute alles besser und die Lektüre maximal effektiv für Sie wird, werde ich Ihnen nun ein paar Fragen stellen. Für die Beantwortung brauchen Sie einen Stift, vier Seiten Papier und eine Tüte Gummibärchen.

Der erste Schritt zur Lösung eines Problems ist, es sich bewusst zu machen. Nehmen Sie sich deshalb so viel Zeit wie möglich für die folgende Bestandsaufnahme. Sie können die Fragestellungen auch ein paar Tage inkubieren lassen und Ihre Eindrücke Stück für Stück zusammentragen. Bitte tun Sie dies schriftlich und nicht nur gedanklich. Die mentale Verarbeitung geht tiefer, wenn man etwas aufschreibt. Hinzu kommt, dass Sie am Ende dieses Buches Ihre Niederschriften noch einmal brauchen werden. Nehmen Sie sich mindestens eine Stunde Zeit, in der Sie ungestört sind, und beschäftigen Sie sich bitte mit einer Frage nach der anderen. Sie können den Prozess – falls nötig – jederzeit unterbrechen und zu einem anderen Zeitpunkt wieder aufnehmen, aber lassen Sie sich dabei möglichst nicht ablenken. Die Herausforderung besteht darin, bei jedem Thema die damit verbundenen Gedanken und Gefühle zu reflektieren, sie zu ordnen und anschließend die passenden Worte dafür zu finden. Es gibt dabei kein richtig oder falsch. Zu jedem Thema gebe ich Ihnen einige Satzanfänge als Starthilfe. Sie können mit diesen arbeiten, müssen es aber nicht. Sie können auch Ihre ganz eigenen Formulierungen nutzen. Lassen Sie jede Frage zunächst auf sich wirken und machen Sie sich dann Notizen dazu. Formulieren Sie Ihre Antworten bitte so, als würden Sie Ihren Partner direkt ansprechen. Falls Sie dieses Buch mit Ihrem Partner gemeinsam lesen, beantworten Sie die Fragen bitte trotzdem jeder allein und ohne sich darüber auszutauschen.

Bei meinen Klienten ist übrigens der Inhalt des dritten Blattes, das sich mit dem Guten in der Beziehung beschäftigt, meist sehr überschaubar, wohingegen für den ersten Part am liebsten mehrere Seiten benutzt würden. Ich bin gespannt, ob Ihnen auch zur letzten Frage etwas Gutes einfällt.

Das Blatt der Kritik

Thema: Alles momentan Negative. Alles, was Sie nicht mehr wollen.

Das, was Sie an Ihrem Partner nervt. Dinge, die er Ihrer Meinung nach falsch macht. Was ihm leidtun sollte, was er bereut oder Ihrer Meinung nach bereuen sollte. Alles, was in Ihrem Beziehungsleben unangenehm ist oder Angst macht, selbst wenn Ihr Partner es nicht zu verantworten hat.

Beispiele: Ich habe genug von … – Ich will nicht mehr … – Es nervt mich wenn … – Ich nehme dir übel, dass … – Es verletzte mich, als … – Ich bin traurig, über … – Ich bin enttäuscht … – Ich vermisse … – Ich fürchtete, dass … – Ich ängstige mich vor …

Das Blatt der Selbstkritik

Thema: Alles momentan Negative. Alles, was Ihr Partner nicht mehr will.

Alles, was Ihren Partner sicher oder wahrscheinlich an Ihnen nervt. Themen, bei denen Sie ihm gegenüber nicht perfekt oder fair sind. Das, was Ihnen leidtut oder Sie bereuen. Alles, was für Ihren Partner unangenehm ist, selbst wenn Sie es nicht zu verantworten haben.

Beispiele: Du hast höchst wahrscheinlich genug von … – Es nervt dich bestimmt, wenn … – Es verletzte dich wahrscheinlich, als … – Du fühltest dich vermutlich traurig, als … – Du bist vielleicht enttäuscht über … – Du vermisst wahrscheinlich … – Du fürchtest vermutlich, dass ich … – Du ängstigst dich vielleicht vor … – Ich fürchte, dass ich … – Ich schäme mich für … – Ich entschuldige mich, dass … – Ich wollte nicht, dass …

Das Blatt des Guten in der Beziehung

Thema: Alles, was positiv und schön ist oder einmal war. Alles. was Sie an Ihrer Beziehung und an ihrem Partner anerkennen, schätzen, bewundern und lieben.

Was mich damals an dir angezogen hat, war … – Mich faszinierte an dir, dass … – Du bist besonders attraktiv, wenn … – Ich schätze an dir, dass … – Ich fühle mich unterstützt bei … – Du bringst mich zum Lachen mit … – Ich danke dir für … – Ich bewundere an dir … – Ich liebe dich für …

Das Blatt der Wünsche und Träume

Thema: Alles, was sein könnte, sein sollte, was Sie sich wünschen und erträumen. Alles, was die Zukunft hoffnungsvoller machen würde.

Ich wünsche mir … – Ich verdiene … – Du verdienst … – Ich wünsche mir Verständnis für … – Du wünschst dir vermutlich Verständnis für … – Ich verstehe, dass … – Ich erkenne an … – Alles, was ich immer wollte, war … – Alles, was wir immer wollten, war … – Alles, was ich will, ist …

Wenn Sie den Test bis hierhin tapfer durchgezogen haben, alle Themen bearbeitet und Ihre Antworten schriftlich festgehalten sind, haben Sie sich die Gummibärchen – oder was auch immer Sie lieber mögen – redlich verdient! Wahrscheinlich hat die intensive Beschäftigung mit meinen Fragen Sie auch schon mit dem einen oder anderen Aha-Effekt belohnt. Was hat Sie dabei am meisten überrascht? Verwahren Sie nun Ihre Arbeitsblätter griffbereit an einem sicheren Ort, denn wir werden sie später noch ein paarmal brauchen.

Symptome und Alarmsignale

Nur eine kleine Krise oder schon mittendrin?

Vom Himmel in die Hölle in fünf Akten

Keine Beziehungskrise ist von heute auf morgen einfach so da. Sie entwickelt sich erst mit der Zeit. Wahrscheinlich wäre Ihnen zu Beginn Ihrer Beziehung auch viel weniger bei den Satzanfängen auf dem ersten Blatt (das der Kritik) eingefallen als heute. Auch wenn die Vorboten gerne ignoriert werden, selbst ein Beziehungs-Burnout überfällt Sie nicht plötzlich, sondern kündigt sich vorher an und durchläuft dabei verschiedene Phasen. Beim beruflich bedingten Ausgebranntsein unterscheidet man herkömmlicherweise zwölf Stadien nach Herbert Freudenberger und seiner Kollegin Gail North[4]:

1. Drang, sich zu beweisen
2. Hohe Einsatzbereitschaft
3. Vernachlässigung von Bedürfnissen und Kontakten
4. Verdrängen und Überspielen von Problemen
5. Zweifel an den eigenen Werten und Idealen
6. Absinken der Toleranzgrenze
7. Rückzug und Distanzierung
8. Gefühl der Wertlosigkeit
9. Kontaktverlust zu sich und der Umwelt
10. Innere Leere
11. Depression
12. Zusammenbruch

Die Reihenfolge kann dabei individuell stark variieren. Ein Beziehungs-Burnout verursacht die gleichen Symptome, nur gehen die Stadien hier noch fließender ineinander über. Deshalb habe ich im Folgenden die Stadien einer Beziehung bis hin zum Beziehungs-Burnout in fünf Phasen zusammengefasst:

Phase 1: Anhimmeln und Schmetterlinge im Bauch

Die meisten Beziehungsgeschichten fangen (hoffentlich) mit einer intensiven Zeit des Verliebtseins an. Der Beginn ist geprägt durch eine starke Idealisierung des Partners. Das Objekt der Begierde scheint geradezu perfekt zu sein, selbst wenn das ganze Umfeld dazu eine völlig andere Wahrnehmung hat. Man ist bemüht, sich nur von der besten Seite zu zeigen. Aus Angst vor Zurückweisung werden die eigenen Ecken und Kanten überspielt und die Macken des neuen Partners großzügig übersehen. Die Verliebten identifizieren sich voll und ganz mit der neuen Beziehung und können geistig entrückt an nichts anderes mehr denken. Sie sind bereit, alles für den Geliebten zu tun. Nichts ist gut genug. Kein Berg zu hoch. Keine Fahrt zu weit. Wer braucht schon Schlaf? Oder Sport? Und so wichtig ist regelmäßiges Essen nun auch wieder nicht. Man kann auch von Luft und Liebe leben.

Was für ein wundervolles Gefühl! Daran ist auch nichts verkehrt. Ungesund wird es nur, wenn Amors Pfeil dafür sorgt, dass man sich für den neuen Lebenspartner dauerhaft verbiegt, die eigenen Bedürfnisse wiederholt hintanstellt und persönliche Abneigungen leugnet. Die daraus resultierenden Konflikte werden von Burnout-Gefährdeten einfach verdrängt und negative Gefühle im Keim erstickt. Dieses Verhalten hat seinen Preis. Mit dem übersteigerten Bedürfnis, der angebeteten Person etwas beweisen zu wollen, manifestiert sich eine latente Überforderung und damit die Grundlage für den späteren Burnout.

Gefahr: Der viel zu hohe Einsatz schürt die Erwartungshaltung und führt zu Ansprüchen, die nicht dauerhaft erfüllbar sind. Der Frust ist vorprogrammiert.

Phase 2:
Die rosa Brille bekommt Sprünge – erste Warnsignale

Gewöhnung und Alltag bewölken den siebten Himmel mit ersten Enttäuschungen. Das Schwärmen für den Partner nimmt ab. Die Begeisterung lässt nach. Das ist zwar völlig normal und gesund, aber Mittelmäßigkeit reicht dem Perfektionisten nicht. Da muss man sich eben mehr Mühe geben. Sicherheitshalber werden die eigenen Gefühle angezweifelt und persönliche Ideale infrage gestellt. Nun wäre es schlau, sich Zeit für sich selbst zu nehmen, um in Ruhe nachzuspüren, was da gerade passiert. Doch dieses instinktiv aufkommende Bedürfnis wird erfolgreich verdrängt durch noch mehr Einsatz: kleine Geschenke und Aufmerksamkeiten, ein selbst gekochtes Drei-Gänge-Menü oder eine neue Frisur. Die rumliegenden Socken des Partners, sein wieder einmal nicht eingehaltenes Versprechen und die verletzenden Worte werden tapfer ignoriert. Leider laufen Beziehungsinvestitionen dieser Art unter »stets bemüht« und erzielen nicht mal ansatzweise den gewünschten Erfolg. Später heißt es: »Ich habe wirklich alles versucht!« Bei vielen Paaren wird diese Phase übrigens mit dem ersten Kind eingeläutet bzw. beschleunigt. Der oft herbeigesehnte Erdenbürger kostet mehr Kraft als gedacht und stellt das Leben völlig auf den Kopf. Selbst wenn der Körper zunehmend rebelliert und das schlechte Gewissen wegen zu wenig Schlafs, vernachlässigter Aufgaben und des ignorierten Partners drückt, wird nichts geändert. Statt authentisch zu sein und Schwäche zu zeigen, überspielen viele die Überforderung und kompensieren den inneren Alarmzustand mit noch mehr Aufopferung. Das kostet viel Kraft, was die Erschöpfung, Enttäuschung und Niedergeschlagenheit verstärkt.

Gefahr: Werden Überforderung und negative Emotionen weiterhin geleugnet und verdrängt, entstehen innere Leere und Distanz. Distanz zu sich selbst und zum Partner.

Phase 3: Viel Streit um nichts – die Zeit der Widerworte

Ab jetzt wird es kritisch. Nichts läuft mehr wie geplant. Das romantische Wochenende fällt ins Wasser, die teuren Opernkarten mutieren zum »Rheinfall« des Jahres, das Ei ist schon wieder kalt und das Baby schreit eigentlich nur noch. Hilflosigkeit macht sich breit. Langsam fühlt man sich dem Partner gegenüber ohnmächtig und unfähig. Allen Bemühungen zum Trotz werden die eigenen Beziehungsideale nicht mehr erfüllt. Der dabei empfundene Kontrollverlust ist unerträglich. Das Selbstwertgefühl leidet darunter, vor allem, wenn die dringend benötigte Anerkennung weiterhin ausbleibt. Irgendwann entsteht ein gefährlicher Kreislauf: Je weniger Wertschätzung man erfährt, desto weniger schätzt man sein Gegenüber. Mit dem Selbstbewusstsein schwindet auch die Kooperationsbereitschaft. Das unbewusste Motto lautet: »Egal was du willst – ich bin dagegen!« Zwangsläufig entsteht der erste große Streit – häufig aus einer Lappalie. Leider führt er nicht zur Klärung, sondern nur zu weiteren Spannungen. Stress ist ansteckend. Der Haussegen hängt schief. Die Toleranzschwelle sinkt auf beiden Seiten weiter und dies verhindert den erforderlichen Dialog. Zurückgehaltene Bedürfnisse, verdrängte Konflikte und die Ablehnung der eigenen Verantwortung machen eine Lösung unmöglich und behindern den ehrlichen Kontakt zu sich selbst und den anderen.

Gefahr: Schwelende Konflikte, nicht enden wollende Diskussionen und gegenseitige Schuldzuweisungen verhärten die Fronten. So bleibt die Liebe auf der Strecke und stirbt allmählich im Dauerstress.

Phase 4:
Die Energiereserven sind aufgebraucht – die Trennung droht

Inzwischen sind die ungesunden Folgen der permanenten Verdrängung von persönlichen Bedürfnissen und Problemen deutlich zu spüren. Nicht nur der Beziehungsalltag wird immer lebloser. Die Energiereserven sind aufgebraucht. Es ist nichts mehr übrig, um sich für die Partnerschaft weiter einzusetzen. Man ist gleichgültig, nicht mehr wirklich daran interessiert, was der Partner fühlt oder durchmacht. Das magische »Wir« und das Zugehörigkeitsgefühl gehen verloren. Inzwischen ist der Mangel an Schlaf, Energie und Eigenständigkeit so groß geworden, dass der Eindruck entsteht, ausgenutzt zu werden. Die Nerven liegen blank und der Körper macht sich immer häufiger unangenehm bemerkbar. Leider sind die meisten in diesem Stadium auch nicht mehr in der Lage, Hilfe anzunehmen. Ganz im Gegenteil. Wohlwollende Angebote werden als übergriffig und kritisierend empfunden. Eigentlich nerven alle nur noch und werden mit bissigen Kommentaren oder stillem Mauern auf Abstand gehalten. War er bisher noch nicht da, so drängt sich jetzt der Wunsch nach Trennung auf.

Gefahr: Die Erschöpfung und Sehnsucht nach Ruhe sind so groß, dass die Beziehung nur noch als Belastung empfunden wird.

Phase 5:
Zusammenbruch und Depression

Wut ist besser als Resignation. Aber oft reicht nicht mal dazu die Kraft. Jetzt geht scheinbar gar nichts mehr. Selbst das Aufstehen und das Anziehen können in dieser Phase schon zu einem unvorstellbaren Kraftakt werden. Vollständiger Rückzug ist die logische Konsequenz. Erschöpft, resigniert und desillusioniert – in diesem Zustand scheint einfach alles egal zu sein. Man kann nicht mehr und man mag auch nicht mehr. Die innere Kündigung ist abgeschickt, der Vollzug meist nur noch eine Frage der Zeit. Bis dahin werden die Fluchttendenzen oft im Alkohol oder in anderen Süchten erstickt.

Gefahr: Wird jetzt nicht endlich gehandelt, droht nicht nur das Ende der Beziehung. Es besteht auch die Gefahr einer Depression bis hin zum völligen mentalen und physischen Zusammenbruch.

Die Depression ist in diesem Fall der letzte Schutzbunker für die Seele. Werden negative Gefühle und Probleme beharrlich verdrängt und das Bauchgefühl wiederholt missachtet, wählt die Psyche diesen Notausstieg, um den Körper zu schützen. Solch ein Liebesdienst der Psyche zwingt zum Nach- bzw. Umdenken und Handeln. Warten Sie lieber nicht erst, bis Ihre Seele Ihnen die rote Karte zeigt und Sie vom Spielfeld holt. Handeln Sie gleich und hören Sie auf Ihren Körper statt auf ihren Kopf!

Rückenschmerzen, Schlafstörungen und andere körperliche Signale

»Du machst mich krank!« Diese unheilvollen Worte treffen leider häufiger zu, als den meisten bewusst ist. Die psychische Belastung kann drastisch sein, wenn der Haussegen schiefhängt. Obwohl seit der Steinzeit eine Weile vergangen ist, reagiert der menschliche Körper auf Gefahr und Angst immer noch genau wie damals: kämpfen, flüchten oder sich totstellen. Es wird Adrenalin ausgeschüttet, damit wir schnell reagieren können. Wer dann die Beine in die Hand nimmt und rennt, hat die bereitgestellte Energie rasch wieder abgebaut. Wird das notfallmäßig zur Verfügung gestellte Adrenalin aber gar nicht genutzt, greift ein weiteres Schutzsystem. Der Körper wird mit Cortisol überschwemmt. Denn da wir trotz der offensichtlichen Gefahr weder weglaufen noch kämpfen, sind wir wohl verletzt. Für das Unterbewusstsein geht es jetzt um Leben oder Tod. Der Blutdruck steigt an, die Atmung wird flach. Die Stresshormone wirken wie ein Aufputschmittel. Alle Sinne sind geschärft, die Erregbarkeit steigt. Der Körper steht unter maximaler Spannung, um sofort handeln zu können. Alles, was nicht fürs unmittelbare Überleben gebraucht wird wie zum Beispiel die Verdauung, die Immunabwehr oder der Sexualtrieb, wird gedrosselt. Diese körperlichen Reaktionen wären durchaus hilfreich, falls wir wirklich einem gefährlichen Tier begegnen sollten. Das kommt jedoch – je nach Beruf und Freizeitaktivität – eher selten vor. Wenn wir im Alltag viele kleine und große Bedrohungen erfahren, ist das für unseren Körper belastend. Ganz egal, ob Sie einem zähnefletschenden Urvieh begegnen, einem wütenden Vorgesetzten oder dem Partner, der mit enttäuschtem Unterton fragt, warum Sie schon wieder den Hochzeitstag vergessen haben. Symptome wie Erröten, Schweißausbrüche oder ein erhöhter Puls zeigen dann, dass der Körper in den Stressmodus geschaltet hat. Das passiert selbst dann, wenn es gar nicht der andere ist, sondern die eigene innere Stimme, die erbarmungslos schimpft: »Ich bin so ein Idiot! Jetzt habe ich das schon wieder vergessen. Immer mache ich alles falsch!« Ob von sich selbst oder vom Gegenüber verurteilt – die körperlichen Reaktionen und Hormonausschüttungen sind ähnlich und beeinträchtigen sowohl das seelische als auch das physische Wohlbefinden.

Für Perfektionisten besonders schlimm

Der Stresslevel hängt erstaunlich wenig davon ab, was uns widerfährt, sondern viel mehr davon, wie wir darauf reagieren. Wie wir eine Sache bewerten und welches Gewicht wir dem beimessen. Der Neurologe und Psychiater Victor E. Frankl erklärte dies so: »Nicht das Problem macht die Schwierigkeiten, sondern unsere Sichtweise.« Ein Mensch mit sehr hohen Ansprüchen gerät also schneller unter Druck als jemand, der auch mal fünf gerade sein lassen kann. Für Perfektionisten ist es deshalb besonders schlimm, wenn die Dinge nicht so laufen wie geplant –

geschweige denn der eigene Körper nicht so funktioniert, wie er soll. Häufig werden die ersten Symptome gar nicht richtig wahrgenommen, sondern, wie alles andere, sofort überspielt. Später kommt dann scheinbar aus heiterem Himmel alles auf einmal.

Erst wenn die Erschöpfung zu groß ist, um die körperlichen Alarmsignale länger zu ignorieren, werden Verspannungen, Schmerzen und andere Symptome bewusst wahrgenommen. Deren Vielfalt ist groß und kann jeden Bereich des Körpers betreffen.

Besonders häufig zu beobachten sind:

- Schmerzen und Verspannungen in Rücken, Schultern und Nacken
- Kopfschmerzen, Migräne, Schwindel, Tinnitus und Hörsturz
- Durchfall, Übelkeit, Druckgefühl und Krämpfe
- Appetitlosigkeit oder Frustessen und damit einhergehende Gewichtsveränderung
- Ängste, Panik, Bitterkeit, Kreativitätseinbrüche
- Konzentrations- und Gedächtnisprobleme, anhaltende Müdigkeit und Erschöpfung
- Unruhe, Schlafstörungen, Grübeln, Unfähigkeit abzuschalten
- Enge in der Brust, Bluthochdruck, Herzstolpern, Herzrasen
- Verlust der Libido und Lebensfreude
- Erhöhte Infektanfälligkeit und Hautirritationen
- Vermehrtes Verlangen nach Kaffee, Zucker oder Alkohol

Es scheint paradox, aber einige dieser Unpässlichkeiten haben auch Vorteile. Ein Liebesdienst der Psyche liegt zum Beispiel darin, dass die Betroffenen nun immer eine passende Rechtfertigung parat haben. Endlich können sie mit gutem Gewissen die längst fälligen Grenzen setzen und energisch »Nein!« sagen. Eines darf man dabei nicht unterschätzen: Die Beschwerden mögen zwar psychosomatisch sein, das heißt aber nicht, dass sie eingebildet wären. Die Seele leidet und der Körper wird krank. Auch er braucht adäquate Unterstützung, nicht nur Ihre Psyche. Es ist also wichtig, dass Sie auf Ihren Bauch hören und dessen Beschwerden ernst nehmen. Konsultieren Sie den Arzt Ihres Vertrauens und lassen Sie einen gründlichen Check-up machen. Je eher, desto besser! Manche, ansonsten sehr kluge Menschen kommen erstaunlich spät zu der Erkenntnis, dass eine Beziehung sie krank gemacht hat, und wundern sich anschließend über ihre eigene Blindheit. Es ist halt manchmal angenehmer, den Ursprung der Rückenschmerzen auf den Bürostuhl zu schieben, als sich einzugestehen, dass einem die Beziehung zum Partner im wahrsten Sinn des Wortes Schmerzen bereitet.

Falls Sie sich nicht sicher sind, ob »es« Sie auch schon erwischt hat oder nicht, wird der folgende Test Ihnen weiterhelfen. Er verrät, inwieweit Sie burnoutgefährdet, bereits mittendrin oder gar nicht davon betroffen sind.

Selbsttest: »Ich habe keinen Burnout« – oder doch?

Ob beruflich oder beziehungsbedingt: Die meisten Burnout-Kandidaten missverstehen die Vorzeichen erstaunlich lange. Viele quälen sich monatelang mit diversen körperlichen Wehwehchen, grübeln viel, sind leicht reizbar, aggressiv oder niedergeschlagen, schauen öfter zu tief ins Glas und schlafen schlecht. Der konsultierte Hausarzt findet meist keinen Anlass zur Sorge und rät, früher ins Bett zu gehen oder mehr Sport zu treiben. Manche Ärzte meinen es dann auch zu gut und erweisen ihren Patienten einen Bärendienst mit der Verschreibung von Antidepressiva. Leider lösen Tabletten keine Probleme, sondern sorgen häufig für zusätzliche. Indem die meisten Psychopharmaka tagsüber müde machen und das Hirn vernebeln, verhindern sie klare Gedanken und gute Entscheidungen. Hinzu kommt, dass sie mit der Zeit abhängig machen, worauf leider selten hingewiesen wird. Die beste Freundin, die zum Mädelsabend einlädt oder einen Saunabesuch anstiftet, hätte schon eher heilsamen Einfluss und wahrscheinlich auch längst einen Verdacht, wo das eigentliche Problem liegen könnte. Aber entweder hat sie sich nicht getraut, die unbequeme Wahrheit auszusprechen, oder ist immer nur auf taube Ohren gestoßen. Burnout-Betroffene sind nämlich verdammt gut darin, Dinge zu verdrängen und so zu tun, als sei alles in bester Ordnung. Darunter leidet die kritische Selbsteinschätzung: »Ich habe doch meinen Traummann geheiratet, warum sollte ich ausgebrannt sein?«

Wenn Sie dieses Buch in den Händen halten, bestehen aber vielleicht Zweifel daran, ob mit Ihrer Beziehung wirklich alles im Lot ist. Ob Ihre Bedenken angebracht sind oder nicht, ob Sie an einem Beziehungs-Burnout leiden oder alles im grünen Bereich ist: Das erfahren Sie mithilfe des nun folgenden Tests.

Nehmen Sie sich hierfür bitte mindestens eine halbe Stunde Zeit. Hören Sie dabei offen und ehrlich in sich hinein. Es ist wichtiger, die eigenen Emotionen und Verhaltensweisen kritisch zu betrachten, als hinterher Ja- und Nein-Antworten zusammenzuzählen.

Selbsttest: Burnout

Lesen Sie folgende Fragen in aller Ruhe durch:

1. Sind Sie momentan am liebsten allein?
2. Leiden Sie unter starken Stimmungsschwankungen?
3. Plagt Sie öfter eine innere Unruhe?
4. Fällt es Ihnen in letzter Zeit schwerer, sich zu konzentrieren?
5. Leiden Sie gegenwärtig unter mangelndem Selbstvertrauen?
6. Grübeln Sie viel? Besonders über Ihre Beziehung?
7. Freuen Sie sich nicht mehr so richtig auf gemeinsame Unternehmungen mit Ihrem Partner?
8. Fehlt Ihrem Liebesleben die Leichtigkeit?
9. Fällt es Ihnen leichter, sich um die Probleme anderer zu kümmern als um sich selbst?
10. Haben Sie einen Hang zum Perfektionismus und erledigen Sie Aufgaben lieber persönlich, als sie zu delegieren?

11. Gelingt es Ihnen nicht mehr so gut, in Anwesenheit Ihres Partners zu entspannen?
12. Sind Sie häufig müde, wenn Sie von der Arbeit nach Hause kommen?
13. Haben Sie regelmäßig das Gefühl, nur noch auf Autopilot zu laufen?
14. Fühlen Sie oft eine innere Leere und Motivationslosigkeit?
15. Wissen Sie manchmal gar nicht mehr, was Sie überhaupt empfinden sollen?
16. Fühlen Sie sich antriebslos, wenn Sie einen ganzen Tag mit Ihrem Partner vor sich haben?
17. Erscheint Ihnen manchmal alles völlig sinnlos?
18. Erleben Sie sich körperlich ausgelaugt?
19. Haben Sie das Gefühl, dass Sie sich verändert haben und sich manchmal selbst nicht mehr wiedererkennen?
20. Hören Sie den Erzählungen Ihres Partners kaum noch wirklich zu?
21. Können Sie oft nicht nachvollziehen, was in Ihrem Partner vorgeht oder was er von Ihnen will?
22. Haben Sie das Gefühl, dass Ihnen alles zu viel ist, wenn Sie über Ihre Beziehung nachdenken?
23. Sind Sie gereizt und unfreundlicher zu Ihrem Partner als früher?
24. Fühlen Sie sich häufig ungerecht von Ihrem Partner behandelt?
25. Fällt es Ihnen schwer, Ihrem Partner zu zeigen, wie sehr Sie ihn lieben?
26. Sind Sie oft zu erschöpft für sexuelle Begegnungen?
27. Haben Sie mehr und mehr körperliche Beschwerden?
28. Sind Sie Ihrem Partner gegenüber weniger aufmerksam als früher?
29. Haben Sie das Gefühl, dass Ihnen irgendwie bald alles zu viel wird?
30. Sind Sie oft niedergeschlagen?
31. Haben Sie sehr wenig Zeit für Zweisamkeit?

32. Ziehen Sie sich immer mehr von Ihrem Partner zurück?
33. Haben Sie inzwischen kaum noch Hoffnung, dass Ihre Beziehung je wieder glücklich wird?
34. Schlafen Sie schlecht und meist viel zu wenig?
35. Können Sie auf Sex mit Ihrem Partner zurzeit gern verzichten?
36. Sind Sie Ihrem Partner gegenüber oft genervt oder aggressiv?
37. Fühlen Sie sich von Ihrem Partner zu wenig unterstützt?
38. Fällt es Ihnen leichter, Ihren Partner zu kritisieren, als ihm etwas Nettes zu sagen?
39. Kommen Sie nach der Arbeit nicht mehr so gerne nach Hause?
40. Lachen Sie nur noch sehr selten mit Ihrem Partner?
41. Können Sie es momentan nicht annehmen, wenn Ihr Partner sich bemüht?
42. Fühlen Sie sich irgendwie gefangen, sodass alles nur noch eine Last ist?
43. Kommt es Ihnen so vor, als ob Sie irgendwie nur noch funktionieren?
44. Würden Sie manchmal am liebsten einfach weglaufen?

Wenn Sie diese Fragen spontan und ehrlich bearbeitet haben, ist das Ergebnis recht einfach zu interpretieren: Je öfter Sie mit JA geantwortet haben, desto höher ist Ihr Burnout-Risiko. Zählen Sie jetzt noch einmal genau nach. Wie oft haben Sie mit JA geantwortet?

0- bis 3-mal mit JA geantwortet:
Herzlichen Glückwunsch, Ihre Beziehung ist gesund! Selbst wenn vielleicht nicht immer eitel Sonnenschein herrscht. Ein paar kleine Dissonanzen gibt es in jeder Beziehung. Das ist auch nicht weiter tragisch, weil Sie sich bereits gute Strategien angeeignet haben, um diese zu bewältigen. Prima, weiter so! Auch wenn Sie dieses Buch nicht wirklich brauchen, können Sie im Abschnitt »Dann kommt die LIEBE« noch ein paar Inspirationen für schöne Momente zu zweit finden.

4- bis 8-mal mit JA geantwortet:
Selbst wenn Sie sich oft müde fühlen, ist Ihr Burnout-Risiko noch gering. In der Partnerschaft sind Sie sehr engagiert, wenn auch, als waschechter Perfektionist, nicht zu einhundert Prozent zufrieden mit sich selbst. An ihrem Selbstwertgefühl dürfen Sie also noch arbeiten. Im Abschnitt »Erst kommt das ICH« finden Sie ein paar schöne Übungen dazu. Selbst wenn es sich anders anfühlt, Sie sind ein toller Lebensgefährte! Damit es auch so bleibt, dürfen Sie in Zukunft wieder mehr auf sich achten und Ihr Leben bewusst genießen.

9- bis 15-mal mit JA geantwortet:
Oberflächlich gesehen ist alles in Ordnung – Sie kümmern sich um Ihren Partner und investieren viel in Ihre Beziehung. Aber genau da liegt auch das Risiko, einen Burnout zu entwickeln. Denn wahrscheinlich überfällt Sie schon ab und an eine stärkere Müdigkeit. Sie setzen sich deshalb vielleicht nicht mehr ganz so stark ein, wie Sie es von sich selbst erwarten würden. Die ersten kleinen Alarmsignale sind schon da. Warten Sie nicht zu lange, tun Sie etwas, bevor Ihre Liebesfähigkeit darunter leidet.

16- bis 26-mal mit JA geantwortet:
Ihr Burnout-Risiko ist sehr hoch! Sie sollten sich lieber helfen lassen, um diese ungesunde Entwicklung erfolgreich aufzuhalten. Ihre Müdigkeit und Erschöpfung sind tickende Zeitbomben. Sich hin und wieder ausgelaugt zu fühlen ist nicht das Problem. Aber diese und ähnliche Anzeichen wiederholt zu ignorieren und einfach so weiterzumachen, als wäre nichts passiert, hat Folgen, und die sind nicht immer angenehm. Wahrscheinlich geben Sie sich bereits seit Längerem schon große Mühe, durchzuhalten und nicht schlapp zu machen. So entsteht eine immer stärker werdende Sehnsucht nach einer Auszeit. Endlich mal Zeit nur für sich selbst und zum Nachdenken haben. Keine Verpflichtungen. Nur auftanken und die Seele baumeln lassen. Es wäre gut, dieses Bedürfnis ernst zu nehmen und sich diese Zeit zu gönnen. Vielleicht

könnten Sie mal ein Wochenende ganz allein verbringen und dieses Buch intensiv durcharbeiten. Noch können Sie einschreiten und das Ganze aufhalten. Es ist wichtig, jetzt zu handeln, denn sonst gefährden Sie nicht nur Ihre Beziehung!

Öfter als 26-mal mit JA geantwortet:
Wahrscheinlich wird das Ergebnis dieses Tests Sie jetzt nicht mehr überraschen. Wenn Sie so viele Fragen mit JA beantworten mussten, sind die Anzeichen einer ernsthaften Krise schon viel zu deutlich, als dass Sie es noch länger leugnen könnten. Ganz oben auf Ihrer Agenda darf ab heute eine neue Herausforderung stehen: radikale Selbstliebe. (Genaueres hierzu finden Sie im Abschnitt »Erst kommt das ICH«.) Sie brauchen dringend eine längere Pause – am besten auch eine Beziehungspause –, um wieder Kraft zu schöpfen, denn Sie sind nicht nur gefährdet, sondern befinden sich bereits mitten im Burnout. Wahrscheinlich können und wollen Sie sich momentan eine gemeinsame Zukunft nicht mal mehr vorstellen und würden am liebsten weglaufen. Wäre da nicht …

Statt aber nur noch zu funktionieren und darauf zu warten, dass sich etwas von selbst ändert, sollten Sie lieber die Veränderung in Gang setzen, die Sie so dringend brauchen. Sie müssen auch nicht alles allein durchstehen. Es ist keine Schande, Hilfe in Anspruch zu nehmen – ganz im Gegenteil! Am besten sprechen Sie mit jemandem, der Ihre Lage unabhängig analysieren und vertrauensvoll behandeln kann. Das mag Ihnen vielleicht schwierig erscheinen, weil Ihnen aktuell selbst dazu die Kraft fehlt. Aber je eher Sie sich einem Therapeuten oder guten Freunden anvertrauen, desto schneller können Sie die Talfahrt beenden und wieder hoffnungsvoll in die Zukunft blicken!

Auf der Suche nach dem Positiven

Je nachdem, wie oft Sie beim Lesen des vorhergehenden Kapitels innerlich mit dem Kopf nicken mussten, desto frustrierender empfinden Sie Ihren aktuellen Beziehungsstatus. Wenn Sie sich zudem mit den Anfangsfragen und dem Test beherzt auseinandergesetzt haben, passen die Ergebnisse wahrscheinlich erschreckend gut zusammen. Wenn Sie zurückblicken: Woran erinnern Sie sich, wenn Sie an den Anfang Ihrer Liebe denken? Was ist Ihnen zu den Anregungen auf dem dritten Blatt, das sich um das Gute in der Beziehung dreht, eingefallen? Was hat Sie damals angezogen und fasziniert? Die meisten Paare starten voller Zuversicht in ihre Partnerschaft. In einer glücklichen Beziehung blicken die Partner mit guten Gefühlen auf die ersten gemeinsamen Erlebnisse zurück. Sie erinnern sich, wie verliebt sie sich am Anfang gefühlt haben und wie sehr sie sich auf die ersten Treffen gefreut haben. Eine SMS folgte der anderen, und stundenlange Telefonate waren an der Tagesordnung.

Selbst wenn sie an schlechtere Zeiten zurückdenken, sehen sie das Positive daran, ihre Probleme gemeinsam gelöst zu haben, und benennen die Kraft, die sie daraus gezogen haben. In einer vom Burnout infizierten Beziehung hingegen dichtet ein Partner (oder beide) die gemeinsame Geschichte unbewusst Stück für Stück um. Sie erfinden, ohne es zu merken, eine negativere Vergangenheit. Werden sie danach gefragt, erzählen sie mit innerer Gewissheit, dass es von Anfang an schwierig und nie die große Liebe war. Dieses Phänomen taucht besonders stark auf, wenn einer von beiden sich frisch in jemand anderen verguckt hat – auch dann, wenn dieser jemand gar nichts davon weiß. Mit felsenfester Überzeugung wird behauptet, dass es in der Beziehung ohnehin nie so richtig gepasst hat. Der verschmähte Partner hat dann oft eine ganz andere Wahrheit, hört fassungslos zu und versucht vergeblich klarzustellen, dass diese negative Einschätzung vollkommen falsch sei.

Veränderte Wahrnehmung

Am Anfang einer Beziehung konzentrieren sich die Partner hingegen auf Positives und auf Gemeinsamkeiten. Unterschiede sind nebensächlich, sofern die Beteiligten sie überhaupt wahrnehmen. Unterschiede lassen den Partner zu Anfang interessanter erscheinen. Glücklich Verliebte entschuldigen ein negatives Verhalten des Partners wohlwollend mit den besonderen Umständen und schreiben die positiven Seiten dessen Charakter zu. Im Streit ist es umgekehrt. Je länger die Partner miteinander unglücklich und im Burnout-Modus sind, desto mehr wandelt sich ihre Aufmerksamkeit. Immer stärker rückt das, was sie am anderen auszusetzen haben, in den Mittelpunkt der Wahrnehmung. Nun fallen immer mehr störende Eigenschaften auf, und meist werden sie auch angesprochen: »Warum sitzt du ständig am Computer?« Oder: »Räum endlich mal deine Klamotten weg!« Ist die häusliche Stimmung negativ aufgeladen, wird ein störendes Verhalten schnell der Persönlichkeit angelastet, ein positives Verhalten hingegen als zufällig abgetan. Das Schöne im Alltag fällt nicht mehr auf und wird dementsprechend auch nicht thematisiert. Oder positiven Handlungen werden sogar negative Motive unterstellt. »Hast du ein schlechtes Gewissen oder warum hast du mir Blumen mitgebracht?« Wenn der Burnout die Kommunikation derart dominiert, zieht mit ihm die Negativität in den gemeinsamen Alltag ein. Statt gemeinsame Ziele zu verfolgen, lebt man nur noch nebeneinander her. Zudem ist man unterbewusst immer häufiger auf der Suche nach Beweisen dafür, dass der Partner nicht mehr liebenswert ist. Das belastet die Energiereserven und zerstört die Basis für einen erfolgreichen Neustart. Deshalb ist es wichtig, so schnell wie möglich etwas dagegen zu unternehmen.

Ihr Gedächtnis ist manipulierbar

Die gute Nachricht: Ihr Gedächtnis ist manipulierbar! Die schlechte: Es ist einfacher, sich belastende Dinge zu merken, als positive Erinnerungen wachzurufen. Das ist auch der Grund dafür, warum es Ihnen wahrscheinlich leichter gefallen ist, beim Eingangstest auf die negativen Umstände einzugehen. Unser Gedächtnis funktioniert nämlich nicht wie eine gut sortierte Registratur, in der die neuesten Akten vorne und die ältesten Akten ganz weit hinten im Schrank lagern. Stattdessen sortiert unser Gehirn nach emotionaler Relevanz. Jede Akte, jede Erinnerung, wird beim Eingang in den großen Schrank, das Gedächtnis, mit einem emotionalen Eingangsstempel versehen. Je nach der Intensität des Erlebten bekommt eine Erinnerung einen oder mehrere Emotionspunkte. Hat sie viele Emotionspunkte, wird sie gleich vorne im Schrank einsortiert, also gut greifbar, sodass man Sie jederzeit schnell zur Hand hat. Wenn eine Akte bei der Ablage im Gedächtnis eine geringe emotionale Ladung hat wie »Ich muss noch Waschmittel einkaufen«, wird sie weiter hinten abgelegt, wo sie schnell in Vergessenheit gerät. So erklärt sich, warum wir die kleinen Dinge des Alltags schnell vergessen und warum Menschen negative Erlebnisse besser erinnern können als die meist schwächer bewerteten positiven. So sind die Blumen zum Geburtstag längst Schall und Rauch, aber verletzende Worte noch ewig im Ohr. Unser neuronales Speichersystem ist entgegen früheren Annahmen hochflexibel und wird emotional gesteuert. Es ist leicht manipulierbar und wird unbemerkt ständig angepasst, jedes Mal, wenn wir uns an etwas erinnern. Wir bewerten frühere Erlebnisse ständig neu, sowohl zum Guten als auch zum Schlechten, ohne dass wir uns dessen bewusst wären. Die Verhaltenspsychologin und Erinnerungsforscherin Julia Shaw warnt davor, dem eigenen Erinnern allzu sehr zu vertrauen: »Wir können uns auf unser Gedächtnis nicht verlassen ... Jedes Ereignis, wie wichtig, emotional aufgeladen oder traumatisch es erscheinen mag, kann vergessen oder falsch erinnert werden oder vollkommen fiktiv sein.«[5] Das ist zwar erschreckend, aber dafür schenkt Ihnen dieser Umstand die wunderbare Möglichkeit, Ihr Gedächtnis auf das Glücklichsein zu trimmen. Wenn Sie wollen, können Sie sich Stück für Stück am eigenen Schopf aus dem Sumpf ziehen. Wie genau das geht, erkläre ich Ihnen gleich.

So tunen Sie Ihr Gedächtnis

René T. Proyer und seine Kollegen von der Martin-Luther-Universität Halle-Wittenberg und der Universität Zürich konnten nachweisen, dass mit zielgerichteter Aufmerksamkeit und ein wenig Disziplin das allgemeine Lebensgefühl enorm verbessert werden kann. Sie gaben ihren Probanden lediglich die Aufgabe, jeden Abend neun Momente zu notieren, die sie tagsüber als angenehm erlebt hatten – wie ein gutes Gespräch, eine schöne Massage oder ein befreiendes Lachen. Sieben Tage lang erledigten die Teilnehmer jeden Abend ihre positive Buchführung. Das erstaunliche Ergebnis des Experiments war weniger die erwartete Steigerung des Glücksgefühls nach einer Woche, sondern deren Anhalten noch nach einem Monat. Erst nach drei Monaten war der Effekt verpufft.[6]

Ob mithilfe eines Neun-Punkte-Tagebuchs, der zielgerichteten Konzentration auf Ihre Wünsche von Blatt vier oder das ohnehin schon Positive in Ihrem Leben: Es ist Ihre Entscheidung, in welche Richtung Sie Ihre Aufmerksamkeit lenken und Ihre Synapsen wachsen lassen wollen.

Entstehung und Ursachen

Wer ist besonders gefährdet?

Hinter einem Beziehungs-Burnout stecken nicht unweigerlich gravierende Umstände oder eine tragische Kindheit. Das Liebesleben an sich hält schon genügend Herausforderungen bereit. Hat man endlich den Traumpartner gefunden, möchte man ihn ja nicht gleich wieder verlieren. Die Beziehung soll an Tiefe gewinnen und sich optimal entfalten. Für manche am liebsten in drei Kategorien gleichzeitig: best friends, best lovers & best parents. Doch niemand hat uns beigebracht, mit den Widrigkeiten des Beziehungsalltags adäquat umzugehen. Wo ist die Grenze zwischen zu viel und zu wenig? Wie lautet die perfekte Dosierung von Nähe und Distanz? Was tun, wenn gerade für Zweisamkeit zu wenig Energie vorhanden ist? Wenn man nach der Arbeit keine Lust mehr hat, mit dem Partner oder den Kindern noch etwas zu unternehmen? Auch für Menschen, die einander aus tiefstem Herzen lieben, gibt es Tage, an denen das Bedürfnis, allein zu sein oder einfach mal wieder etwas nur für sich zu tun, größer ist als das nach Gemeinsamkeit. Und obwohl dieser Impuls sehr gesund ist, wird er von Perfektionisten sofort im Keim erstickt. Halbe Sachen gibt es nicht und eine lauwarme Herzensangelegenheit schon gar nicht! Wenn man sich für einen Menschen entschieden hat, dann muss man auch für ihn da sein.

Allzeit bereit

Nicht nur für den Lebenspartner. Selbst wenn sie krank zu Hause mit Fieber im Bett liegen oder im wohlverdienten Urlaub am Strand in der Sonne brutzeln: Burnout-Kandidaten sind für jeden, der sie braucht, erreichbar. Allzeit bereit. Ob der Chef, das Kind oder die nervige Schwiegermutter spielt dabei keine große Rolle. Sie stehen zur Verfügung und sind bekannt dafür, stets ihr Bestes zu geben. Erst recht, wenn sie frisch verliebt sind. Mal einen Gang runter zu schalten, kommt nicht infrage. Ein *Nein* ist keine Option. Bei diesem Selbstverständnis gibt es allerdings einen Menschen, der ständig auf der Strecke bleibt und der immer an letzter Stelle kommt. Dreimal dürfen Sie raten, wer das wohl ist.

Natürlich wirkt derart altruistisches Verhalten sehr sympathisch, aber wie heißt es doch so treffend? »Everybody's darling is everybody's Depp!« Kein Wunder, dass irgendwann der Wunsch entsteht, der Tag möge doch bitte mehr Stunden aufweisen. Das innere »Ich habe zu wenig Zeit!«-Mantra wird leider nicht konsequent zu Ende gedacht, geschweige denn unmissverständlich ausgesprochen. Augen zu und durch. Notfalls mit dem Kopf durch die Wand. »Geht schon!«, lautet die Parole. Notfalls bis zum Schluss.

Nicht das Ergebnis von Faulenzen und Langeweile

Burnout ist definitiv nicht das Ergebnis von Faulenzen und Langeweile. Ein umfangreiches Aufgabenpensum oder die Mehrfachbelastung durch Job und Familie führen aber nicht zwangsläufig in die energetische Havarie. Für einen Burnout muss man schon geschaffen sein, denn er setzt eine ganz bestimmte Gesinnung und Denkweise voraus. Erst wenn Sie ein Projekt oder einen anderen Menschen unter allen Umständen wiederholt an die erste Stelle Ihres Lebens setzen, riskieren Sie einen Burnout. Denn sich grundsätzlich mehr um den Job oder die Familie zu sorgen als um sich selbst, ist eine typische Haltung für Burnout-Anwärter. Folgende Personengruppen sind besonders (beziehungs-)burnoutgefährdet:

- Menschen, die sehr begeisterungsfähig sind, die Dinge gerne anders und besser machen wollen als andere.

- Menschen, die leicht entflammbar oder beziehungssüchtig sind. Die bereit sind, für den geliebten Menschen alles zu geben und zu tun, ohne Rücksicht auf die eigenen Verluste.
- Menschen, die sich ständig mit anderen vergleichen und zum Perfektionismus neigen.
- Menschen, die in Ihrem Beruf im wahrsten Sinne des Wortes voll und ganz aufgehen.
- Menschen, die beruflich helfen, andere coachen, betreuen oder pflegen.
- Selbstständige und Unternehmer, die in der eigenen Firma die wichtigsten Facharbeiter sind.

Ein berufsbedingtes und ein beziehungsbedingtes Burnout-Syndrom befeuern sich leider oft gegenseitig. Man kann sie aber insofern unterscheiden, als die Interessenlosigkeit und das Distanzbedürfnis bei einem reinen Beziehungs-Burnout nur das Beziehungsleben und den Partner betreffen. Falls bei Ihnen Frust und Stress anfangs eher beruflicher Natur waren und das negative Gefühl irgendwann auf die Partnerschaft übergeschwappt ist, dann sollten Sie sich erst um Ihre berufliche Situation kümmern, bevor Sie Ihre Partnerschaft aufs Korn nehmen. Diese ist dann mit dem Burnout-Virus zwar infiziert, aber nicht dessen primäre Ursache. Da ich in diesem Buch die beruflichen Aspekte nur am Rand erwähne, würde ich Ihnen bei einem primär berufsbedingten Burnout empfehlen, sich einen guten Coach zu nehmen oder das Buch »Depression und Burnout loswerden« zu lesen. Es ist ebenfalls im Ariston-Verlag erschienen, und der Autor ist mein wunderbarer Mann Klaus Bernhardt. Sein Buch ist leicht zu lesen und steckt voller Tipps und leicht umsetzbarer Strategien. So können Sie sich erfolgreich aus Ihrem Tief befreien und wieder voller Kraft und Zuversicht in eine glückliche Zukunft zu zweit starten. Was Sie bei dem Weg zurück ins Glück auf jeden Fall beachten sollten, finden Sie im nächsten Kapitel »Erst das ICH«.

Hyperaktivität und die Verdrängung eigener Bedürfnisse

»Hey Zed, geht hier eigentlich nie jemand schlafen? – »Die Zwillinge führten die Zentauruszeit ein, das ist ein 37-Stunden-Tag.« Falls ihnen dieser kurze Dialog bekannt vorkommt, er stammt aus dem Film »Men in Black«. Als er erschien, war meine Tochter gerade drei Jahre alt geworden, und ich dachte begeistert: »Ein 37-Stunden-Tag? Genial, den will ich auch!« Damals habe ich halbtags gearbeitet, den Haushalt mehr oder weniger allein gestemmt und nebenbei Osteopathie studiert. Ein 37-Stunden-Tag schien mir die perfekte Lösung für meinen chronischen Zeitmangel zu sein. Die Tage waren immer viel zu kurz und die Stunden nach Feierabend zu schnell vorbei, um alles zu schaffen. Die Tage begannen mit früh aufstehen, Kind versorgen und zum Kinderladen bringen. Nach der Arbeit ging es dann im Eiltempo zurück zum Kinderladen, um dort nicht wieder als Letzte einzutreffen. Der Kinderladen – die Berliner Antwort auf fehlende Kindergartenplätze – war privat organisiert. Deshalb mussten die Eltern auch umfangreiche Eigenleistungen erbringen. Also kurz noch mit der Erzieherin das Mittagessen für den nächsten Tag abgesprochen, denn ich war mal wieder mit Kochen dran, und dann ab nach Hause. Einkaufen, Kind umziehen, putzen, kochen, aufräumen und bei kindlicher Langeweile zum Spielplatz. Während meine Tochter wie üblich mit einer – für meinen Geschmack zu steilen – Rutsche kämpfte, saß ich tapfer auf einer Bank. Immer auf dem Sprungs, mein Kind zu retten. Und immer einen Kopfhörer im linken Ohr. Dank guter Technik und der Erlaubnis, die Vorlesungen aufzuzeichnen, hatte ich meinen Lernstoff dabei und trotzdem mein Kind im Blick. Danach Mittagessen für vierundzwanzig Kinder gezaubert. Auch wenn Spaghetti Bolognese mit Fruchtquark zum Nachtisch nicht unbedingt eine kulinarische Herausforderung darstellten, war es für mich logistisch durchaus anspruchsvoll. Ein bisschen mehr gekocht, so reichte es auch für uns drei zum Abendbrot. Vorher noch schnell in die Sportsachen geschlüpft, denn wenn Lauras Papa nach Hause kam, gaben wir uns die Klinke in die Hand. Er übernahm den Kind-ins-Bett-bring-Dienst, während ich eine große Runde durch die Dämmerung lief. Die elterliche Zweisamkeit beschränkte sich auf das gemeinsame Abendbrot. Danach ging jeder wieder seine eigenen Wege – einer vor den Computer zum Arbeiten und eine vor den Fernseher zum Bügeln.

Mein Burnout war hart erarbeitet und meine Scheidung vorprogrammiert. Nur wusste ich das damals leider noch nicht.

Vorstellung und Realität

Die idealisierte Vorstellung einer modernen Familie hat für viele Paare ungeahnte Konsequenzen. Ehrgeiz, Perfektionismus, Multitasking und ein voller Terminplan sind nicht die steilen Stufen zum Glück, sondern führen auf Dauer lediglich zum Ausbrennen einer Beziehung. Der Tag hat nun mal nur vierundzwanzig Stunden und jedes menschliche Wesen seine Grenzen. Grenzen haben auch unser Einfluss und die Planbarkeit des Alltags. »Leben ist, was uns zustößt, während wir uns etwas ganz anderes vorgenommen haben«, warnte schon der Schriftsteller Henry Miller. Aber nicht nur das, was unvorhergesehen passiert, sondern vor allem die Art, wie wir damit umgehen und es bewerten, bestimmt unseren Stresslevel.

Menschen mit Burnout-Potenzial haben nicht weniger Zeit als andere, aber oft überzogene Erwartungen an sich selbst. Diese gipfeln darin, unbedingt und in jeder Lebenslage die Haltung wahren zu wollen und stets reibungslos zu funktionieren. Das erfordert ein hohes Maß an Selbstdisziplin und Kontrolle. Problematisch wird es vor allem dann, wenn etwas sich dieser Kontrolle widersetzt. Kontrollverlust und Hilflosigkeit sind die wichtigsten Zutaten für den destruktiven Stresscocktail. Das Gefühl, die Lage – oder schlimmer noch – sich selbst nicht mehr im Griff zu haben, löst gerade bei Perfektionisten extrem unangenehme Gefühle aus. Um dennoch den äußeren Alles-in-bester-Ordnung-Schein wahren zu können, werden die negative Emotionen und körperlichen Warnsignale vehement unterdrückt. Paradoxerweise halsen sich viele ausgerechnet auf dem Höhepunkt ihrer Belastungen noch zusätzliche Projekte auf. Der blinde Aktionismus hilft sogar – kurzfristig –, um sich abzulenken und von der eigenen Überforderung zu distanzieren. Aber er beschleunigt auch die gefährliche Talfahrt. Völlig erschöpft, wie sie sind, kreist bei den Betroffenen dann nur noch ein Gedanke durch den Kopf: »Warum fühle ich mich bloß so mies?« Die Frage wäre ja durchaus hilfreich, wenn sie objektiv bearbeitet würde. Doch die Scheuklappen bleiben dicht, die Konflikte ausgeblendet und die Ermittlungen beschränken sich auf die Außenwelt. Bei der Suche nach dem Schuldigen wird erstaunlich konsequent an den falschen Stellen gefahndet und selten bis nie ein Zusammenhang zum selbst gemachten Stress erkannt. Dabei ist der wichtigste Verdächtige in Sachen Überforderung der eigene Perfektionismus. Warum das so ist, und wie er sich auf die Liebe auswirkt, das erfahren Sie im folgenden Abschnitt.

Zweckpessimismus und Perfektionismus

Gehören Sie auch zu den Menschen, die am liebsten alles perfekt haben wollen? Die nicht eher ruhen können, bis alles vollkommen ist? Erst die Arbeit, dann das Vergnügen? Alles muss mindestens zweihundertprozentig ausgeführt werden, bis für den Spaß weder Zeit noch Energie übrig bleibt? Und die dann noch die erbrachte Leistung nicht wirklich schätzen, sondern eher auf der einen winzigen Kleinigkeit herumhacken, die trotz allem besser hätte sein können? Denn Perfektionisten sind super kritisch, am kritischsten mit sich selbst. Sie wollen einfach immer das Beste und in jeder Lebenslage das Maximum aus sich und anderen herausholen. Nach Erreichung eines Zieles wird der Maßstab für das nächste Mal noch kritischer festgelegt. Selbst ein wohlwollendes Kompliment – »Oh, das ist köstlich!« – wird selten angenommen, ohne mindestens eine kleine Selbstkritik zum Besten zu geben. »Ja, aber da fehlt noch etwas Salz! Und frischer Oregano wäre besser gewesen als der getrocknete. Und eigentlich hätte ich auch noch einen Salat dazu machen können …«

Perfekt oder Fehler?

Dass man mit dem Streben nach Perfektion sogar Dinge ruinieren kann, ist für einige Menschen unvorstellbar. Ich konnte mir das, bis zu einer besonderen Erfahrung vor vielen Jahren, auch nicht vorstellen. Damals hatte ich als Hobbykünstlerin das Glück, im Atelier eines befreundeten Malers zwei Tage üben zu können. Während am ersten Tag Peters Stillleben mit erstaunlicher Geschwindigkeit Gestalt annahm, arbeitete ich im Schneckentempo an einem weiblichen Porträt, welches mich schon seit Monaten beschäftigte. Abgesehen davon, dass ich im Gegensatz zu Peter kein Profi war, sind Ölfarben nicht gerade das beste Medium, wenn ein Kleinkind im Haushalt unterwegs ist. Es war deshalb mein wertvollstes Weihnachtsgeschenk, ein ganzes Wochenende störungsfrei malen zu können, während meine Tochter rund um die Uhr von ihrem Papa versorgt wurde. Doch es fiel mir nicht leicht, entspannt den Pinsel zu schwingen und das Ungestörtsein zu genießen. Immer wieder blieb ich an Kleinigkeiten hängen. Weil ich so selten zum Malen kam, fehlten mir die Übung und der Blick für die richtige Farbwahl. Umso beeindruckender war es, mit welcher Treffsicherheit Peter nicht nur flink die Farben auf seiner Leinwand platzierte, sondern auch immer genau dann zu mir rüber kam, wenn ich gerade mal wieder dachte, ich würde alles ruinieren und hätte einfach kein Talent. »Ja, genau so! Super!«, lobte er, während ich ihn zweifelnd ansah. »Mach genau so weiter! Und hier noch ein klitzekleines bisschen Jaune Brilliant – das ist dieses Gelb hier – dazumischen.« Mein fotorealistisches Bild war in warmen Grautönen gehalten. Genau wie das alte Schwarz-Weiß-Foto, welches mir als Vorlage diente. Ich wäre nie darauf gekommen, auch gelbe Farbe zu verwenden, aber es war genau das, was mir beim letzten Mischton noch fehlte. Glücklich und zufrieden betrachtete ich mein Werk. Nun fehlte nur noch die Signatur. Während wir uns vorher noch eine Kaffeepause mit Kuchen gönnten, kam ein Kunstsammler, um eine Auftragsarbeit von Peter abzuholen. Auf dem Weg durch das Atelier blieb er erstaunt vor meiner Staffelei stehen. »Nanu, Peter, das ist doch gar nicht dein Stil? Aber es gefällt mir! Probierst du was Neues?« – »Nein«, antwortete Peter. »Das ist nicht von mir, sondern von dieser jungen Künstlerin hier.« Der weißhaarige Mann schüttelte begeistert meine Hand. »Eine tolle Arbeit! Mich fasziniert dieser unheimlich intensive Blick. Ich frage mich schon die ganze Zeit, was es ist. Die Dame auf dem Bild hat irgendwie etwas Katzenhaftes.« Ich freute mich gerade über das schöne Kompliment, als Peter ernüchternd erklärte: »Ja, das kommt, weil die linke Pupille nicht genau zentriert ist.« Er hatte leider recht. Das war mir vorher gar nicht aufgefallen. »Hm, stimmt. Das würde ich aber auf jeden Fall so lassen, denn das macht doch gerade den Reiz des Bildes aus!«, warnte der Sammler. Daraufhin entspann sich eine lebhafte Diskussion zwischen den beiden Männern. Peter war nämlich der Ansicht, dass ich den Fehler korrigieren müsste, da die falsche Pupille ein Versehen und nicht künstlerische Absicht war. Seiner Meinung nach musste man etwas erst perfekt beherrschen, um dann gezielt Fehler einbauen zu dürfen, die ein Werk vollkommen machen. Ich war damals unerfahren und perfektionistisch genug, um Peters Rat zu befolgen. Wenige Minuten habe ich für die Korrektur des Makels gebraucht. Aber es hat mich einen ganzen Tag gekostet, diesen Eingriff rückgängig zu machen und der Frau auf meinem Bild ihren geheimnisvollen Zauber zurückzugeben. Heute hängt das Bild in meinem Arbeitszimmer, um mich daran zu erinnern, dass Perfektion selten der schnellste Weg zum Ziel ist und dass man aus Fehlern viel mehr lernen kann.

Liebe gegen Leistung?

Nicht allein in der Kunst kann man mit Perfektion das Ergebnis ruinieren. Wenn Sie Ihr Liebesleben sabotieren wollen, dann setzen Sie sich einfach nur eine ideale Beziehung zum Ziel und bemühen Sie sich, jederzeit perfekt zu sein! Dabei werden dem Partner Erwartungen und Ansprüche unterstellt, die dieser gar nicht hat. Manchmal ist die Quelle allen Strebens nach Perfektion schlicht nur reine Projektion. Perfektionisten meinen, dass sie die Liebe des Partners erst verdienen müssten und dass sie diese verlieren, wenn sie sich nicht genug Mühe geben. Für einen Perfektionisten ist dieses Verhalten völlig normal. Für den Partner kann es hingegen sehr frustrierend sein, wenn er glaubt, dass er den perfektionistisch veranlagten Menschen an seiner Seite nicht glücklich machen kann.

Aber was steckt eigentlich hinter der ganzen Fixierung auf Perfektion? Was spornt perfektionistische Menschen derart an? Ist es der Heilige Gral der Vollkommenheit oder einfach nur die nackte Angst, einen Fehler zu machen? Eine beneidenswerte Eigenschaft, eine lästige Marotte oder schon ein Gebrechen? Wer absolute Vollkommenheit anstrebt, wird nie mit sich zufrieden sein. Sich aufopfern bis zum Umfallen. Da nützt auch kein »passt schon!«. Angebotene Hilfsdienste sind entweder nicht gut genug oder gleichen einem Affront. Besonders heikel wird es, wenn zwei nach Vollkommenheit Strebende aufeinandertreffen. Denn nicht selten verlieben sich Perfektionisten ineinander und verheddern sich dann in einem unterschwelligen Konkurrenzkampf.

Alles eine Frage der Kontrolle

Perfektionismus ist oft nur eine fixe Idee. Der damit verbundene Wunsch, alles unter Kontrolle zu bringen, erscheint von außen betrachtet illusorisch und ist selten angebracht. Aber eines können Sie wirklich sinnvoll beeinflussen. Das ist Ihre eigene Laune. Selbst wenn es manche lieber leugnen würden: Das einzige, was Sie voll und ganz kontrollieren können und wofür Sie auch die volle Verantwortung haben, sind Ihre Gedanken.

Sie fühlen, was Sie fühlen, weil Sie denken, was Sie denken.

Auf dieses Thema werde ich zu einem späteren Zeitpunkt noch zurückkommen. Auf jeden Fall haben Sie jederzeit die Wahl: Wählen Sie einen verurteilenden oder einen wohlwollenden Gedanken und bewerten Sie damit eine Situation negativ oder positiv. Der einzig sinnvolle Maßstab für Ihren Erfolg ist doch die Lebensfreude, die Sie empfinden. Glauben Sie, dass Ihre Lebensqualität steigt, wenn Sie diese mit Skepsis gegen böse Überraschungen absichern? Wenn Sie dazu neigen, mit optimistischen Äußerungen vorsichtig zu verfahren und vorziehen, immer vom schlechtesten Fall auszugehen, um nicht enttäuscht zu werden, dann sind Sie wohl den Versprechungen des vorauseilenden Zweckpessimismus verfallen. Das Dumme dabei ist, dass Sie der Zweckpessimismus nur vor einem bewahrt: nämlich Leichtigkeit.

Der Pygmalion-Effekt

Dass eine negative Erwartungshaltung, wie sie bei Pessimisten üblich ist, tatsächlich realitätsverändernd wirkt, war eine Sensation der Sechzigerjahre. Die zu jener Zeit durchgeführten Experimente sind den meisten Lehrern unter dem Begriff »Pygmalion-Effekt« bekannt und heutzutage aus ethischen Gründen nicht mehr denkbar. Damals hatte man anscheinend keine Bedenken, die Lehrkräfte einiger Grundschulkinder mit den verfälschten Ergebnissen eines Intelligenztests zu manipulieren. Per Losverfahren wurde darüber entschieden, welchen Kindern ein niedriger IQ und damit verbunden schlechte Entwicklungsmöglichkeiten attestiert wurden. Den vom Zufall Begünstigten wurden hingegen ein wacher Geist und hervorragende Lernfähigkeiten unterstellt. Als die Forscher ein Jahr später den IQ-Test wiederholten, waren sie fassungslos: Die aktuellen Werte wichen völlig von den ursprünglichen, wahren Testergebnissen ab. Sie korrelierten hingegen erschreckend stark mit den Fake-Diagnosen. So hatten sich von Natur aus begabte, aber von den Forschern als unfähig gebrandmarkte Schüler mit schlechten Leistungen ihrer Verurteilung angepasst. Während die angeblich hochintelligenten Kinder den manipulierten Vorurteilen ihrer Lehrer alle Ehre machten und beim zweiten IQ-Test deutlich besser abschnitten als noch ein Jahr zuvor.[7]

Der »Pygmalion-Effekt« funktioniert sogar mit Ratten, wobei der klassische Intelligenztest für die Nager aus einem Labyrinth mit versteckten Käse besteht. Die Lehrer bzw. Trainer der Ratten waren Studenten. Sie wurden beauftragt, ihrem Tier beizubringen, durch ein Labyrinth zu laufen und den schnellsten Weg zur Futterstelle zu finden. Auch bei diesem Experiment entschied der Zufall im Voraus über Gewinner und Verlierer. Manchen Rattenbesitzern wurde mitgeteilt, dass sie die Rasse mit den Nieten erwischt hätten, welche weniger intelligent und dadurch schwer zu dressieren seien. Den anderen Studenten wurde weisgemacht, sie hätten das Glück, einen Champion zu trainieren. Wieder stellte sich heraus, dass die Erwartungen der Probanden das Verhalten ihrer Schützlinge deutlich beeinflussten. Die Forscher gingen diesmal noch einen Schritt weiter und interviewten die Teilnehmer über ihre Erfahrungen. Es zeigte sich, dass die Trainer der Pseudo-Intelligenzbestien viel mehr Spaß bei ihrer Arbeit empfanden. Zudem bekamen die felligen Hoffnungsträger auch mehr Fürsorge.[8]

Zweckpessimismus

Eine positive Erwartungshaltung begünstigt also nicht nur einen erfolgreichen Abschluss, sondern versüßt uns auch den Weg dorthin. Forscher haben sogar festgestellt, dass mehr von dem Glückshormon Dopamin durch unsere Adern rauscht, wenn wir uns auf ein bevorstehendes

Ereignis freuen, als zu dem Zeitpunkt, an dem es wirklich stattfindet. Mit einem »Freu dich lieber nicht zu früh!« entziehen sich Zweckpessimisten also erheblich mehr Glücksgefühlen, als sie vielleicht denken.

Vorfreude steigert sowohl das physische als auch das psychische Energielevel, sodass man im Falle eines Falles auch mehr Kraftreserven hätte, um eine Enttäuschung zu verarbeiten. Natürlich will ich damit nicht für grenzenlose Naivität plädieren. Wie heißt es doch so schön? »Vertrau auf Gott, aber binde zuerst dein Kamel an.«

Und nun raten Sie mal, wie überdurchschnittlich lange ich gerade an diesem Kapitel über Zweckpessimismus und Perfektion geschrieben habe. Natürlich ist es nicht perfekt und wird es auch nie werden. Jedes Mal, wenn ich es lese, finde ich wieder eine Kleinigkeit, die noch ein bisschen besser sein könnte.

Wie gut, dass ich keine Perfektionistin bin!

Ideale und Realität

»Bei unseren Nachbarn ist alles viel besser. Die führen eine ideale Beziehung. Die haben auch sonst irgendwie alles. Ein großes Haus, einen wunderschönen Garten, mehrere Autos, drei tolle Kinder und obendrein noch einen folgsamen Hund. Die streiten sich auch nie. Mit denen würde ich am liebsten tauschen!« Wenn mir Klienten vom Leben anderer neidisch vorschwärmen, antworte ich gerne: »Wer weiß, ob die nicht auch in unserer Kunden-Datei sind?« Meiner Erfahrung nach sind es gerade die Mitglieder von Vorzeigefamilien, welche unter Beziehungs-Burnout und Depressionen leiden. Betroffene erzählten mir, dass ihre Umwelt sie noch für ein ideales Paar hielt, während sie selbst schon über eine Trennung nachdachten. Nur weil Differenzen nicht öffentlich zur Schau gestellt werden und jeder brav lächelt, heißt dies noch lange nicht, dass alle glücklich sind. Wer die Qualität einer Partnerschaft beurteilt, könnte auf die Idee kommen, dass Paare, die nie streiten, eine ideale Beziehung führen. Glückliche Paare, so die naive Annahme, würden Konflikte schnell und ohne Auseinandersetzung in absoluter Harmonie lösen. Und Familien, die im Wohlstand leben, seien ohnehin die Gewinner und immer zufrieden. Aber das Gras auf der anderen Seite ist eben nicht grüner. Auch wenn es bei Facebook so aussieht. Die anderen sind auch nur Menschen und haben ihre eigenen Probleme. Nur dass diese nicht gepostet oder vorher mit Photoshop geschönt wurden. Viel Geld, ein anspruchsvoller Job oder ein großes Haus machen nicht automatisch glücklich. Aber sich ständig mit anderen zu vergleichen, macht garantiert unglücklich und befeuert den Beziehungs-Burnout.

Zu viele Vergleichsmöglichkeiten

Leider bietet die Vielfalt der modernen Medienlandschaft eine reichhaltige Palette an Vergleichsmöglichkeiten. »Am ewigen Vergleich geht das Herz zugrunde«, heißt es bei Sarah Klose, einer deutschen Aphoristikerin. Doch nicht nur das Herz, auch eine Beziehung und sogar die Gesundheit leiden unter destruktiven Sätzen wie diesen:

- »Die Frau von meinem Chef kommt aber früher nach Hause als du!«
- »Unsere Nachbarn fliegen häufiger in den Urlaub als wir.«
- »Deine Kollegin ist viel hübscher als ich.«
- »Andere Männer helfen mehr im Haushalt!«
- »Früher warst du aufmerksamer!«

Haben Sie Ihren inneren Kritiker erst von der Leine und in den Vergleichsmodus gelassen, sind die Gewitterwolken im siebten Himmel vorprogrammiert. Dann gilt die ganze Aufmerksamkeit nur noch dem Mangel, dem noch nicht Erreichten, dem Versagen und dem Frust. So wird der zuvorkommende Gatte der Kollegin, die wohlgeratenen Kinder des Bruders, das aufregende Sexleben der Singlefreundin oder die ewige Harmonie der Nachbarn auf einmal unerträglich. Im kritischen Vergleichsdenken sind Perfektionisten einfach unschlagbar und leider auch schwer zu stoppen. Die gedankliche Abwärtsspirale raubt auf dem Weg nach unten sämtliche Energie und Selbstsicherheit. Die naive Vorstellung, dass andere Paare erfolgreicher, harmonischer und sowieso glücklicher wären, schürt die eigene Unzufriedenheit und sorgt für hektische Betriebsamkeit. Der Teufelskreis beginnt. Die Messlatte wird eifrig nach oben justiert, ihre Durchführbarkeit nicht mehr hinterfragt. Täglich werden neue To-do-Listen angelegt, und jedes Mal sind sie länger als am Tag zuvor. Der Stresspegel steigt mit der Menge an Aufgaben, die noch erledigt werden müssen. Das ist nicht gerade sexy und auch nicht der Stoff, aus dem die Träume gemacht sind. Verführerisch sind hingegen die Traumwelten von Netflix, Facebook, Amazon und Co. Sie schüren den Konsum, gefährden das Bankkonto und fördern den leidbringenden Vergleich. Je nachdem, mit wem Sie sich vergleichen, werden Sie natürlich immer jemanden finden, der attraktiver, besser, schneller oder erfolgreicher ist als Sie selbst. Kein Wunder bei über siebeneinhalb Milliarden Vergleichsmöglichkeiten. Eines sollten Sie dabei aber immer im Hinterkopf behalten: Es gibt auch ganz viele, die unattraktiver, schlechter, langsamer und erfolgloser sind.

Irgendwo spart der liebe Gott immer!

Diese ketzerische These stammt nicht aus meiner Feder, sondern von einer sächsischen Klientin. Diese hatte sich ihren Dialekt mit Mühe und Not abgewöhnt, aber wenn sie, wie in diesem Fall, leidenschaftlich über etwas dozierte, dann sächselte das selbstbewusste Fotomodell mehr, als ihr lieb und wahrscheinlich bewusst war. Mir gefiel die göttliche These auf Anhieb und ich prüfte sie gedanklich auf ihre Anwendbarkeit. Bei den üblichen VIPs mit attraktivem Äußerem fiel mir auch auf Anhieb der eine oder andere Pferdefuß ein. Was meine Klientin betraf, konnte ich hingegen nicht so schnell ausmachen, wo die Sparmaßnahmen zugeschlagen hatten. Zumindest an Ihrem äußeren Erscheinungsbild konnte ich keinen Makel erkennen. Sie wirkte ausgesprochen attraktiv und sympathisch. Es war kein Zufall, dass sie als Fotomodell so erfolgreich war. »Wo hat denn der liebe Gott – Ihrer Ansicht nach – bei Ihnen gespart?«, fragte ich sie und war gespannt auf die Antwort. »Ich wüsste ehrlich gesagt nicht wo«, gab ich zu. »Es ist auch nichts Offensichtliches. Nicht mehr. Aber als Kind habe ich sehr darunter gelitten. Inzwischen habe ich gelernt, damit klarzukommen und es zu kaschieren.« Eine seltene anatomische Anomalie bedingte, dass sie ohne Kontaktlinsen nahezu blind war und ihre Lider nicht vollständig heben konnte. Dadurch hatte sie früher einen Gesichtsausdruck, welcher beim Gegenüber immer den Eindruck hinterließ, mit Verachtung gestraft zu werden. »Alle hielten mich für gemein, arrogant und selbstverliebt. Ich wurde gemieden oder schikaniert und auf keine einzige Party eingeladen. Niemand wollte etwas mit der eingebildeten Kuh zu tun haben. Meine Schulzeit war der reinste Horror!« Mithilfe von Therapeuten lernte sie, mit der massiven Ablehnung klarzukommen. Anschließend nahm sie Schauspielunterricht, um ihre Mimik besser zu beherrschen und mit Gesten auszugleichen. Für ihren Beruf war der ernste Blick allerdings nie ein Problem, denn auf dem Laufsteg wird ohnehin nicht gelacht.

Wenn Sie sich das nächste Mal beim Vergleichen erwischen, dann überlegen Sie stattdessen lieber, bei welchen Aspekten Mutter Natur bei Ihnen selbst großzügig war. Worauf könnten Sie stolz und wofür dankbar sein? Und wo hat das Leben bei denen, die Sie bisher beneidet haben, wohl den Rotstift angesetzt?

Fluch und Segen der Empathie

Als Teenager hatte ich auf meinem Bett ein gelbes Zierkissen. Es war herzförmig mit einem aufgedruckten Cartoon von Kim Casali. Ihre legendären »Liebe-ist«-Zeichnungen waren damals in allen Varianten auf Postkarten, Kalendern, Geschirr und anderem zu finden. Mein Exemplar des kindlichen Liebespärchens hatte den Titel »Liebe ist ... ganz für den anderen da zu sein«.

Empathie und Hilfsbereitschaft haben ein glänzendes Image. Sich gut in andere einfühlen zu können, scheint die Garantie für Liebe und eine erfüllte Partnerschaft zu sein. Doch die Empathie hat auch ihre Schattenseiten. Die Bereitschaft, anderen jeden Wunsch von den Augen abzulesen, ist zwar eine sympathische Eigenschaft. Doch wenn der Altruismus über die persönlichen Grenzen geht, hat er ungesunde Folgen, nicht nur für die Partnerschaft. Wer zum Beispiel Hobbys aufgibt und Interessen zurücksteckt, nur um für den Partner voll und ganz da sein zu können, unterschätzt meist den Flurschaden, den ein solches Opfer mit sich bringen kann.

Eine Klientin von mir hat, ihrem eifersüchtigen Ehemann zuliebe, ihre Karriere als Eiskunstläuferin an den Nagel gehängt. Um das professionelle Laufen, das harte Training und das Baden im Applaus nicht jedes Mal zu vermissen, wenn sie eine Pirouette dreht, verschenkte sie ihre Schlittschuhe und ging nicht mehr aufs Eis. Einige Jahre später hatte ihr Mann eine Affäre. Sie sei ihm zu farblos und langweilig geworden, gestand er ihr in meiner Praxis unter Tränen. Dennoch wollte er sich nicht trennen, zudem motivierten drei Kinder die beiden, ihre Ehe nicht einfach an den Nagel zu hängen. Die Rettung ihrer Ehe war nicht immer einfach und manchmal auch recht schmerzhaft, aber nach einigen Einzel- und Doppelsitzungen haben sie es gemeistert. Inzwischen hat sie ihm verziehen, und er hat ihr neue Schlittschuhe geschenkt. Wenn sie heute auf dem Eis tanzt, sieht es aus, als hätte sie nie etwas anderes gemacht. Mit »Holiday on Ice« wird sie wohl nicht mehr auf Tournee gehen, aber sie ist glücklich, und letztes Jahr hatte sie schon wieder einen kleinen Auftritt in der ortsansässigen Eisgala.

Lass mal, geht schon

Sich selbst und die Dinge, die einem am Herzen liegen, der Familie zuliebe zu vernachlässigen, ist eine folgenschwere Fehlinterpretation der Liebe und führt zu vielem, nur nicht zu einem erfüllten Leben. Wer die innere Stimme wiederholt ignoriert, stumpft mit der Zeit immer mehr ab. Das Gefühl für die persönlichen Bedürfnisse geht verloren. Menschen mit großem Burnout-Potenzial sind zwar gut darin, zu spüren, was andere brauchen, aber unfähig, den eigenen Körper zu fühlen. Jene, die zuverlässig wie ein Uhrwerk funktionieren und immer genauestens wissen, was andere brauchen, haben oft keine Ahnung mehr, was sie selbst benötigen. Hinter einer dicken Isolierschicht aus verdrängten Gefühlen wissen die sich ständig Zurücknehmenden irgendwann selbst nicht mehr, was ihnen Spaß und Freude bereitet. Um niemandem zur Last zu fallen, werden selbst lieb gemeinte Angebote kategorisch abgeschmettert: »Kann ich etwas für dich tun?« – »Nein, lass mal. Geht schon.«

Sind die anderen glücklich, bin ich's auch

Nachdem meine Tochter geboren wurde, war ich in den ersten Monaten so bemüht, alles richtig zu machen und ihr eine gute Mutter zu sein, dass ich mich selbst darüber vergaß. Als ihre Oma mich zu jener Zeit fragte, was ich mir zum Geburtstag wünschen würde, schaute ich sie nur ratlos an. Nach längerem, aber ergebnislosem Nachdenken sagte ich ihr: »Schenke doch einfach Laura was Schönes. Wenn du mein Kind glücklich machst, machst du mich auch glücklich! Vielleicht bekommst du ja den großen Stoffhasen noch einmal, den sie so liebt. Dann hätte ich einen als Ersatz, wenn ich ihren mal waschen muss oder er verloren geht.« Was meine Mutter mir schenkte, erinnere ich nicht mehr. Es war jedenfalls kein Hase. Aber ich weiß noch genau, was das perfekte Präsent in diesem Jahr für mich war: ein Entspannungsbad mit Lavendelduft. Meine beste Freundin, ebenfalls gerade Mutter geworden, überreichte mir die blaue Flasche mit dem Kommentar: »Wahrscheinlich wirst du nicht oft zum Baden kommen, aber allein an der Flasche zu riechen, ist schon entspannend.«

Lassen Sie sich nicht alles gefallen!

Burnout-Anwärter sind überaus streng mit sich selbst und machen sich das Leben mit ihren hohen Ansprüchen unnötig schwer. Niemand anderem würden sie so viel zumuten und abverlangen wie sich selbst. Mit niemand anderem würden sie so hart ins Gericht gehen. Niemand anderem gegenüber wären sie so gnadenlos. Auch wenn es Ihnen zunächst unvorstellbar scheint: Befreien Sie sich endlich von all den Normen und Idealvorstellungen, und kümmern Sie sich mehr um sich selbst statt immer nur um alle anderen! Lassen Sie sich nicht länger alles von sich selbst gefallen! Das heißt nicht, dass Sie Ihre Familie vernachlässigen und Ihre Kinder verhungern lassen sollen. Aber wenigstens ab und zu sollten Sie sich selbst an die erste Stelle stellen. Mindestens einmal pro Tag. Möglicherweise werden Sie dabei feststellen, dass Sie sich besser fühlen würden, wenn Sie bestimmte Dinge nicht mehr machen – theoretisch zumindest. Praktisch ist es manchmal gar nicht so einfach, den gewohnten Service plötzlich zu reduzieren.

Helfen ist eine liebenswerte Geste und unverzichtbar zu sein, fühlt sich gut an. Aber die Sucht, gebraucht zu werden, hat ihre Nachteile, nicht nur für die Helfer. Sie wirkt sich auch auf die »Opfer« aus. Der Familie oder auch Freunden und Kollegen die Verantwortung abzunehmen und Hilfsbereitschaft selbst dort auszuüben, wo gar nicht danach verlangt wurde, bringt Ihr Umfeld nicht weiter, aber Sie in den Burnout. Ständig gepamperte Familienmitglieder bleiben oder werden abhängig. Wenn sich immer jemand kümmert, muss man nicht mehr selbst denken, vorsorgen und Verantwortung übernehmen. Das ist zwar bequem, aber Sie tun damit niemandem einen Gefallen, schon gar nicht Ihren Kindern. Förderung sieht anders aus.

Die Eltern des Amerikaners Jack Andraka waren diesbezüglich besonders konsequent. Nach seinem dritten Geburtstag beantworteten die beiden, eine Anästhesistin und ein Bauingenieur, einfach die Fragen ihres Sohnes nicht mehr. Sie motivierten ihn aber stets mit einem »Finde es selbst heraus!«. Auf diese Weise angeleitet zum Selberdenken, machte er im zarten Alter von fünfzehn Jahren eine bahnbrechende Entdeckung: Ausgelöst durch den überraschenden Krebstod seines geliebten Großvaters, beschäftigte er sich mit der Früherkennung dieser Krankheit. Durch intensive Internet-Recherche und konsequentes Auswerten bereits vorhandener Studien entwickelte er einen genialen Teststreifen, mit dem es möglich ist, schneller, sicherer und günstiger als mit allen bisherigen Verfahren Krebs zu erkennen. Dafür gewann er nicht nur einen hoch dotierten Wissenschaftspreis, sondern wurde mit seinen konsequenten Eltern sogar ins Weiße Haus eingeladen.[9]

Disease to please

Wir tun aus Liebe Dinge, die wir sonst nicht tun würden, und unterlassen andere, um die, die wir lieben, glücklich zu machen. Doch nur wer sich selbst liebt und respektiert, kann vom Partner dauerhaft geliebt werden. Wenn Sie Ihr Lebens- und Liebesglück steigern wollen, verpflichten Sie sich zu mehr Authentizität. Ersetzen Sie die Disease to please (die Sucht, es allen recht zu machen) zumindest eine Zeit lang durch radikale Selbstliebe! Warum das manchen Menschen besonders schwer fällt, erfahren Sie im nächsten Kapitel.

Aufreibende Unterschiede

Unterschiede ziehen sich an. Oder Gleich und Gleich gesellt sich gern? Was stimmt nun wirklich? Sicher ist, je größer die Verschiedenheit, desto stärker wirkt der Reiz. Nicht immer ist das von Vorteil. Was im Kino zum klassischen Spannungsbogen und zur Erheiterung des Publikums beiträgt, ist in der Realität meist weniger lustig. Sind sich zu Beginn eines Films Mann und Frau noch spinnefeind, ahnt der aufmerksame Zuschauer längst: Die werden sich noch küssen! Was im Film amüsant und romantisch wirkt, führt im Leben leider selten in den siebten Himmel.

Da werden Turteltauben eher zum Albtraumpaar, und statt Liebesgeständnissen gibt es eine Kriegserklärung.

Stärken und Vorlieben

Selbst wenn uns klar ist, dass jeder seine persönlichen Stärken und Vorlieben hat, werden diese im Streit viel zu oft ignoriert. Wir wählen einen Partner, weil er uns ergänzt und uns das Gefühl gibt, vollkommen zu sein. Gleichzeitig erwarten wir, dass sich dieser von uns unterscheidende Mensch genauso verhält wie wir selbst. Dabei hat jeder sein ganz individuelles, menschliches Betriebssystem. Es lenkt unser Handeln und bestimmt, welche Verhaltensmuster uns leichtfallen und welche eher schwierig sind. Je nach Betriebssystem läuft eine Software (bzw. Handlungsanweisung) einwandfrei, hakt oder funktioniert gar nicht. Es bestimmt auch, ob ein Partner gut zu uns passt oder Ärger vorprogrammiert ist, ob uns eine Arbeit missfallen wird oder wir unseren Traumjob gefunden haben.

Könnte man das Betriebssystem eines Menschen zielsicher erkennen, wäre man in der Lage, beim Bewerbungsgespräch die idealen Mitarbeiter treffsicher zu identifizieren. Das dachten sich wahrscheinlich auch die Kommunikationstrainer Roger Bailey und Shelle Rose Charvet und entwickelten deshalb das sogenannte LAB-Profil. Die Abkürzung LAB steht für »Language and Behavior«, das LAB-Profil listet vierzehn Sprach- und Verhaltensmuster auf. Jedes Grundmuster wird beschrieben durch zwei gegensätzliche Ausprägungen eines Verhaltens. Diese Musterkombinationen erklären, wie und warum Menschen die Dinge tun, die sie tun, und wie man sie am besten motivieren kann.[10] Das LAB-Profil ist keine Raketenwissenschaft und für die Paartherapie enorm hilfreich. Dennoch ist es zu umfangreich, als dass ich es im Rahmen dieses Buches vollständig erklären könnte. Deshalb werde ich hier nur jene Verhaltensmuster und Unverträglichkeiten näher beleuchten, die mir in der Arbeit mit Burnout-Paaren besonders häufig begegnen.

Den besten Hinweis auf die einzelnen Verhaltensmuster finden Sie, indem Sie Stresssituationen analysieren. Dort zeigen sie sich immer am stärksten. Falls Sie beim Studieren der folgenden Beispiele mal nicht sicher sind, zu welchem Typ Sie oder Ihr Partner gehören, spricht dies dafür, dass der beleuchtete Bereich keinen Sprengstoff für Ihre Partnerschaft enthält. Ich habe bei meinen Ausführungen übrigens bewusst etwas übertrieben, um die einzelnen Handlungstypen verständlicher zu machen. Im täglichen Leben gibt es natürlich nicht nur Schwarz oder Weiß, sondern auch Graustufen und Mischformen.

Altruist oder Egoist?

Das wichtigste Verhaltensmuster für alle Burnout-Kandidaten beschreibt die Richtung der Aufmerksamkeit. Ist Ihre Wahrnehmung eher nach innen, also auf Sie selbst, oder auf Ihr Gegenüber konzentriert? Je mehr Ihr Fokus bei anderen Menschen liegt, desto größer ist Ihr Einfühlungsvermögen. Im starken Kontrast zu so einem einfühlsamen Altruisten steht der eher egoistisch veranlagte Mensch. Im Extremfall neigt er zum Narzissmus. Je radikaler die Richtung der Aufmerksamkeit in die eine oder andere Richtung tendiert, desto höher ist die Tendenz, einen Burnout zu entwickeln. Während der altruistische Mensch ausbrennen kann, wenn er sich zu viel um andere bemüht, verausgabt sich ein Egoist eher durch die Hingabe an ein Vorhaben. Beide investieren dann, ohne es zu merken, mehr, als ihrer Gesundheit zuträglich ist. Dabei überziehen sie wiederholt ihren energetischen Dispokredit. So lange, bis der Körper die Notbremse zieht und das Konto sperrt.

Ein auf seine Mitmenschen ausgerichteter Mensch braucht jemanden, um den er sich kümmern kann, damit er sich wohlfühlt. Wer die volle Aufmerksamkeit immer nur bei seinen Mitmenschen hat, ist dementsprechend schlecht darin, die eigenen Befindlichkeiten zu analysieren. Während diese Menschen darauf bedacht sind, dass alle anderen sich wohlfühlen, verlieren sie die eigenen Ziele oft aus den Augen.

Erfolgreiche Unternehmer findet man daher eher unter den auf sich selbst konzentrierten oder leicht narzisstischen Menschen. Diese brauchen jemanden, der sie bestätigt und ihnen die volle Aufmerksamkeit schenkt. Wen wundert es, dass diese beiden sich auffallend oft ineinander verlieben. Wenn der Empathischere von beiden stark genug ist, um den Partner zu stoppen, bevor sich dieser mit seinen Projekten übernimmt, ist beiden geholfen. Wer zur Aufopferung neigt, braucht wiederum einen Partner, der diese Liebesdienste zu schätzen weiß. Wird Hilfsbereitschaft achtlos ausgenützt und nicht, wenn nötig, auch mal eingebremst, führt sie irgendwann in den Burnout. Falls es wirklich dazu kommt, tragen hierfür beide Partner die Verantwortung, denn jeder ist für die Folgen seines Handelns und Nichthandelns selbst zuständig!

Hopphopp oder immer mit der Ruhe?

Was tun Sie, wenn es ein Problem gibt? Handeln Sie nach Möglichkeit sofort, ohne lange zu überlegen, oder denken Sie erst mal in Ruhe über alles nach? Sind Sie eher proaktiv oder gehören Sie zu den reaktiven Geduldsmenschen? Beides hat seine Vor- und Nachteile. Während proaktive Menschen oft überstürzt agieren und dabei nicht immer in die richtige Richtung galoppieren, verfallen Reaktive bei zu viel Stress auch schon mal in völlige Passivität. Noch mehr Druck machen – was proaktive Partner besonders gut können – führt beim reaktiven Gegenpart zu noch mehr Inaktivität! Wollen Sie den Partner ins Handeln bringen, ist motivieren zielführender: »Ich glaub an dich!« Oder: »Du schaffst das schon!«

Keine anderen Verhaltensmuster bieten so viel Sprengstoff für eine Beziehung wie proaktiv und reaktiv. Leider haben die Partner fast immer völlig unterschiedliche Motivationslevel. Während die Frauen meist von der schnellen Truppe sind, findet man bei den Männern eher die Strategen. Dabei ist keins von beiden besser, und die Kombination wäre sogar ideal, wenn nur beide mehr Verständnis füreinander aufbringen könnten. Ein reaktiver Mensch braucht oft nur einen liebevollen Anstoß, um ins Handeln zu kommen, denn er sieht die offenen Baustellen nicht von selbst. »Das musst du doch gesehen haben!« ist der typische Vorwurf eines proaktiven Menschen. Er kann die Aufgabenblindheit des Gegenübers nicht nachvollziehen, denn ihn springen diese Dinge regelrecht an.

»Es wäre schön, wenn du mir hierbei hilfst!« Dem Reaktiven darf und muss man sowas sagen! Wohingegen ein proaktiver Mensch die gleichen Worte schon als Kritik auffasst und sie daher selten ausspricht. Wahrscheinlich ahnen Sie es bereits:

Je proaktiver ein Mensch ist, desto höher ist auch sein Burnout-Potenzial.

Je reaktiver ein Mensch hingegen ist, desto höher ist sein Risiko, eine Depression zu entwickeln.

Ob Sie nun gut im Umsetzen oder Aussitzen sind, ob Sie sich selbst ein Bild machen oder Bestätigung von außen brauchen, ob Sie intensiv auf ein Ergebnis hinarbeiten oder nur unangenehme Konsequenzen vermeiden wollen, ob Sie gerne Routinen befolgen oder lieber selbst entscheiden, wie Sie eine Sache anpacken, ob Sie ein Gewohnheitstier sind oder das Abenteuer brauchen, ob Sie Ihre Wahrnehmung eher auf andere oder sich selbst richten, ob Sie unter Stress hochemotional oder cool wie Spock reagieren: All das ist Teil des Betriebssystems und tief in Ihr Unterbewusstsein einprogrammiert.

Unterschiedliche Betriebssysteme

Wenn die Betriebssysteme von zwei Menschen einander ähneln, läuft alles sehr harmonisch. Passen sie hingegen gar nicht zusammen und sind zu verschieden, werden beide immer unglücklicher. Unterschiede ziehen sich anfangs magisch an. Der so andere Mensch ergänzt und inspiriert uns. Auf Dauer kann es jedoch recht aufreibend sein, ständig mit einem Wesen vom anderen Stern kommunizieren zu müssen. Wenn die Differenzen erheblich und die Systeme nicht im Entferntesten kompatibel sind, muss man ständig improvisieren und Abstriche machen. Leichtigkeit oder hohe Lebensqualität sollte man von solchen Verbindungen besser nicht erwarten. Der Ausdruck »Betriebssystem« ist übrigens bewusst gewählt, um zu verdeutlichen, dass diese Verhaltensmuster meist nicht verhandelbar sind. Sie werden in frühester Kindheit gebildet, machen später die Persönlichkeit aus und sind nur schwer bis gar nicht wandelbar. Aus einer Mutter Teresa wäre nie eine egoistische Diva geworden. Aber man kann lernen, nicht nur gut für andere, sondern auch gut für sich selbst zu sorgen. Einen sorgfältigen Buchhalter werden Sie nicht ohne Weiteres zum überstürzten Handeln bringen können. Ein simples »Ist doch egal, mach einfach!« reicht meist nicht, sondern weckt eher das Bedürfnis, noch sorgfältiger zu arbeiten. Deshalb sind radikale Änderungsversuche selten erfolgreich und Kompromisse ratsam.

Gleich und Gleich

Wenn zwei sich recht ähnlich sind, gestaltet sich der Beziehungsalltag erheblich einfacher. Allerdings macht auch hier, wie so oft, die Dosis das Gift. Wenn zwei sich zu ähnlich und in allem stets einig sind, fehlt auf Dauer die Spannung und schwindet die Leidenschaft. Daher ist es am besten, bei der Partnerwahl nach einem nicht allzu extrem vom eigenen Wahrnehmungsspektrum abweichenden Menschen Ausschau zu halten. Und haben Sie bitte ein großes Herz für jenes sich manchmal merkwürdig verhaltende Individuum an Ihrer Seite. Machen Sie sich in solchen Momenten immer wieder klar: Ihr Partner kann einfach nicht anders, denn sein Betriebssystem gibt die Marschrichtung vor. Bei Ihnen selbst ist es übrigens genauso. Ein typischer Hinweis dafür, dass eine unabhängige Direktive mal wieder das Ruder übernommen hatte, sind Gedanken wie: »Keine Ahnung, was mich geritten hat als ich …« »Ich kann mir auch nicht erklären, warum ich da unbedingt …« Sicher ist, dass der unflexible, interne Feldwebel immer dann seinen Führungsanspruch geltend macht, wenn Sie oder Ihr Partner unter Stress stehen. Dann steuert nicht der Verstand, sondern das unterbewusste Betriebssystem Ihr Verhalten. Es orientiert sich dabei nicht an Ihren Überzeugungen oder Absichten, sondern befolgt stur ein uraltes Verhaltensprotokoll.

Wer mehr zu diesem Thema wissen möchte, dem empfehle ich das Buch »Wort sei Dank« von Shelle R. Charvet.

Eines ist allerdings immer gleich: Stress ist dummerweise ansteckend, deshalb ist das oberste Ziel, für Entspannung zu sorgen. Dafür ist jedes Mittel recht. Und sei es eine blaue Flasche mit Lavendelbad.

Auf den Spuren der Kindheit

Wer das Glück hatte, von fürsorglichen und liebevollen Eltern großgezogen zu werden, entwickelt leichter Urvertrauen, Zuversicht und Verbundenheitsgefühle. Die Kombination der drei begünstigt ein starkes Selbstbewusstsein und einen sicheren Bindungsstil. Dann erhalten Liebesbeziehungen einen Vertrauensvorschuss, und kleine Wolken am siebten Himmel verursachen weder Versagens- noch Verlustängste. Wer als Kind zu wenig liebevolle Zuwendung bekommen hat, neigt als Erwachsener dazu, sich besonders große Mühe zu geben, um anerkannt zu werden. Auf der Suche nach ehrlicher Wertschätzung entfalten viele dieser Menschen sehr feine Antennen für die Stimmungen und Bedürfnisse anderer. Reinigende Gewitter verursachen bei ihnen schnell große Unsicherheit und Dauerstress.

Wenn in der Kindheit installierte Verhaltensprogramme später zu Stressanfälligkeit und Burnout führen, muss man dann eine jahrelange Analyse machen, um gesund zu werden? Nein, ganz im Gegenteil! Die Forschung legt nahe, dass gerade Burnout-Patienten von einer strukturierten und stützenden Intervention wesentlich mehr profitieren. Das Ergebnis einer analysierenden Selbsterfahrung wäre ohnehin ziemlich vorhersehbar: Die Eltern sind schuld. Aber diese können nichts dafür, denn sie hatten wahrscheinlich selbst keine erfreuliche Kindheit. Zugegeben, diese These ist etwas ketzerisch und grob vereinfachend. Tatsache ist aber: Wer in der Kindheit unzuverlässige oder wechselnde Bezugspersonen hatte, vernachlässigt oder bedroht wurde, ist besonders burnoutgefährdet. Das bestätigen auch die Forschungen einiger Psychosomatiker und Psychotherapeuten der Nürnberger Universitätsklinik für Psychosomatische Medizin und Psychotherapie. Sie kamen zu dem Schluss, dass Menschen mit schlechten Kindheitserfahrungen und der daraus gewachsenen Bindungsunsicherheit eher einen Burnout entwickeln als Menschen mit vertrauensvollem Bindungsverhalten. In ihrer Studie zeigten zahlreiche Burnout-Patienten eine wesentlich ausgeprägtere Bindungsunsicherheit als die Probanden aus der Vergleichsgruppe.[11]

Klammernder Bindungsstil

Bei Bindungsunsicherheit beobachtet man zwei völlig entgegengesetzte Verhaltensmuster: vermeidend und klammernd. Klammernde Menschen haben in Krisensituationen besonders große Angst, dass sie verlassen werden. Ihre Eltern waren oft launenhaft, inkonsequent und ihre Handlungen kaum vorhersehbar. Wenn Eltern für ihr Kind schwer einzuschätzen sind, begünstigt dies die Entwicklung eines Betriebssystems mit hoher Empathiefähigkeit und einer Wahrnehmung, welche stets auf andere fokussiert ist.

Menschen mit unsicherem Bindungsverhalten und der Tendenz zum Klammern brauchen immer wieder aufs Neue die Bestätigung, dass sie geliebt werden. Sie reagieren bei Beziehungsstress und Auseinandersetzungen mitunter extrem. Forschungen bestätigten, dass im Gehirn eines Menschen mit klammerndem Bindungsstil die Bremse fehlt, um das

Grübeln über die schmerzhafte Erfahrung zu stoppen. Stattdessen sind sie ausgesprochen gut darin, sich unangenehme Szenarien immer wieder vorzustellen und lebhaft auszumalen. All dies sind leider ideale Voraussetzungen, um einen Burnout zu entwickeln. Erschwerend kommt hinzu: Je negativer die Erfahrungen in der Kindheit ausfielen, desto größer ist später das Bedürfnis nach Bestätigung, aber umso schwerer fällt es denjenigen, positive Aussagen anzunehmen. Wenn der Partner ein nüchterner Kopfmensch ist, kann sich dies noch potenzieren. Seine Reserviertheit verschärft das unsichere Gefühl des klammernden Partners. Manche entwickeln mit der Zeit ein immer feineres Sensorium dafür, wann der nächste »Angriff« folgen könnte, und reagieren zunehmend empfindlicher. Die Angst, nicht richtig geliebt zu werden, provoziert Eifersucht und überraschende Stimmungsschwankungen. Diese können zwischen dem überzogenen Bedürfnis nach Nähe oder sicherer Distanz hin und her pendeln.

Vermeidender Bindungsstil

Menschen mit vermeidendem Bindungsstil haben weniger bis gar keine Angst, verlassen zu werden, da sie zweckpessimistisch sind und ohnehin damit rechnen. Zu wenig liebevolle Aufmerksamkeit in der Kindheit führte zu der Erwartung, früher oder später wieder abgelehnt zu werden, und zu der Überzeugung, nicht liebenswert zu sein. Sie haben früh gelernt, allein klarzukommen, nehmen nur ungern Hilfe an und neigen zum Perfektionismus. Wird ihr Freiraum beschnitten oder die Unabhängigkeit bedroht, werden sie schnell unsicher und reagieren aggressiv. Doch auch Bindungsvermeidende sind nicht wirklich im Stande, negative Gedanken und Gefühle längere Zeit zu unterdrücken. Eifersucht und emotionale Achterbahnfahrten sind ihnen ein Graus. Sie wirken unterkühlt und sind meist mit sich selbst beschäftigt bzw. damit, ihre Emotionen unter Kontrolle zu bringen. Häufig unter Vollgas. Nichts ist gut genug. Alles wird vorzugsweise mit sich selbst ausgemacht. Viele Menschen mit vermeidendem Bindungsverhalten sind beratungsresistent. So mancher muss erst umkippen, bevor er einsieht, dass er ausgebrannt ist.

Beziehungssucht

Während beim vermeidenden Bindungsstil die Nähe gefürchtet und vermieden wird, haben Menschen mit Beziehungssucht so große Angst, allein zu sein, dass sie in einer Beziehung ausharren, ungeachtet dessen, ob diese ihnen guttut oder nicht. Selbst wenn die Liebe schon lange vorbei, alles nur noch frustrierend und der Partner verletzend ist, wird er nicht losgelassen. Da wird gekämpft, manipuliert, gelitten, geheult und verführt bis zum Schluss, manchmal sogar darüber hinaus – voller Hoffnung auf ein Revival.

Schlechte und gute Verbindungen

Aber es gibt auch eine gute Nachricht! Das Bindungsverhalten kann durch eine liebevolle und achtsame Beziehung beeinflusst werden und »heilen«. Beziehungsunfähig bleibt man nur, wenn man beim falschen Partner verharrt oder niemanden an sich ran lässt. Eine Verbindung, in der einer klammert und einer mauert, ist wenig zielführend, sondern eher ein Duo infernale, da jeder den anderen negativ bestärkt. Zwei Distanzsuchende werden auch kein Traumpaar. Aber wann immer wenigstens einer von beiden bereits ein sicheres Bindungsverhalten erlernt hat – geduldig, nachsichtig, zuverlässig, verständnisvoll und selbstbewusst ist –, kann sein Partner davon profitieren. Denken Sie immer daran:

Je heftiger eine negative Reaktion ausfällt, desto höher ist die Wahrscheinlichkeit, dass der rote Knopf schon in der Kindheit installiert wurde und die Reaktion nur bedingt mit der Gegenwart zu tun hat.

Der andere ist halt manchmal auch nur ein erwachsenes, verletztes Kind und den Verhaltensvorgaben seines Betriebssystems ausgeliefert. Dennoch trägt jeder für sich und sein Leben die volle Verantwortung! Das beinhaltet, den inneren Kritiker rechtzeitig in die wohlverdiente Rente zu schicken, die eigenen Grenzen zu respektieren und gut für sich zu sorgen. Auf diese Weise können Sie effektiv einem Burnout vorbeugen beziehungsweise diesen heilen. Was genau Sie für Ihre Lebensqualität tun können, und wie Sie das Ruder wieder selbst übernehmen, darum geht es auf den folgenden Seiten. »Erst das ICH« heißt es jetzt. Damit Sie zu sich selbst zurückzufinden, um sich anschließend öffnen zu können für das DU und die LIEBE.

Erst das ICH!

Heute schon gelebt?

Noch fremd- oder schon selbstbestimmt?

»Ich weiß gar nicht mehr, was ich eigentlich fühlen soll!« Das ist ein typischer Satz für Menschen, die mitten in einem Burnout gefangen sind. Meist begleitet von dem Eindruck, dass einfach alles zu viel ist. Dann fällt das Aufstehen schwer und der Job macht keinen Spaß mehr. Alles erscheint wie ein unüberwindlich großer Berg, und der Partner kann machen, was er will – es ist sowieso alles falsch.

Ich erlebe häufig, dass diese Menschen noch nicht einmal mehr wissen, was sie überhaupt wollen. Sie verstehen nicht mehr, was sie brauchen, und haben scheinbar vergessen, was sie sich wünschen. Sie haben ihre Selbstbestimmung aufgegeben und funktionieren nur noch. Ohne Leichtigkeit, ohne eigenständige Ideen, mit vielen Selbstzweifeln und kaum noch wahrnehmbarem Selbstwertgefühl quälen sie sich von einem Tag zum nächsten. Besonders oft betroffen sind Eltern. In allerbester Absicht opfern sie sich für ihre Familie auf und übersehen, welch schlechtes Vorbild sie ihren Kindern damit sind. Wenn sie sich nicht um sich selbst kümmern, lernt der Nachwuchs, dass Muttersein hart ist. Oder dass man als verantwortungsvoller Vater eigene Bedürfnisse hintanstellen muss.

Kennen Sie die Sicherheitsanweisungen in einem Flugzeug? »Im unwahrscheinlichen Fall eines Druckabfalls setzen Sie sich erst selbst eine Sauerstoffmaske auf! Danach helfen Sie anderen Mitreisenden und Kindern!« Sie müssen zuallererst für Ihr eigenes Wohl sorgen. Dies stellt auch die wichtigste und am meisten unterschätzte Voraussetzung für eine gute Partnerschaft dar. Gehen Sie liebevoll mit sich um, dann sind

Sie ein erfrischender Quell für andere und ein erstrebenswertes Vorbild für Ihre Kinder. Sorgt jeder Partner für die eigene Ausgeglichenheit, können Sie sich gegenseitig Glück schenken. Auch wenn es Ihnen momentan vielleicht noch utopisch erscheint: Sobald Sie mehr auf sich und Ihre Gedanken achten, werden Sie Ihr Leben mehr und mehr genießen. Dann wird es auch immer leichter, in schwierigen Situationen liebevoll zu bleiben und klar zu kommunizieren. Erst das ICH, dann das DU und dann die LIEBE.

Jeder ist seines Glückes Schmied

Für Ihr Glück sind Sie selbst zuständig – sonst niemand. Andere Menschen wie zum Beispiel Ihr Partner haben natürlich Einfluss auf Ihr Gefühlsleben, aber sie sind nicht dafür verantwortlich.

Dies ist für viele Menschen schwer anzunehmen. Es bedeutet aber nicht, dass Sie Ihre Sehnsüchte nicht äußern dürfen. Im Gegenteil: Da andere Ihre Gedanken nicht lesen können, ist es sogar Ihre Pflicht, Ihre Wünsche so verständlich wie möglich zu kommunizieren. In einer guten Partnerschaft können und sollten Sie dem Partner Ihre Bedürfnisse durchaus zumuten, solange Sie nicht erwarten, dass dieser sie ohne Rücksicht auf seine eigenen Bedürfnisse immer und sofort erfüllt. Lernen Sie, sich wieder gut zu fühlen.

Wenn Sie nicht mehr wissen, was Sie für Ihr Wohlbefinden brauchen, gehen Sie systematisch vor. Auch wenn es vielleicht schon viel zu lange her ist: Überlegen Sie, wann es Ihnen in der Vergangenheit gut ging.

- Wann haben Sie das letzte Mal so richtig aus dem Vollen geschöpft?
- Was hat Ihnen früher Freude bereitet?
- Unter welchen Bedingungen fühlen Sie sich pudelwohl?
- Woran machen Sie das fest?

- Wie merken Sie, dass Sie in Ihrer Mitte sind?
- Wo in Ihrem Körper zeigt sich das Gefühl von Zufriedenheit und Glück als Allererstes? In Ihrem Gesicht? Oder da leider als Letztes?

Gönnen Sie sich im Alltag so oft wie möglich kleine Pausen, um sich in angenehme Situationen hineinzuversetzen. Es reicht, wenn Sie sich für den Anfang bei jedem Händewaschen auf ein schönes Erlebnis konzentrieren und ein paar tiefe Atemzüge nehmen. Wenn Sie das schaffen, können Sie sich beim nächsten Mal, während frisches Wasser über Ihre Hände läuft, vorstellen, dass mit jedem Einatmen positive Energie in Ihren Körper strömt und alles Unbrauchbare beim Ausatmen wie Abwasser aus Ihnen hinausfließt und in der Kanalisation verschwindet. Sorgen Sie für entspannende Unterbrechungen und gönnen Sie sich mehr Zeit für sich selbst. Vielleicht sogar mit ein paar Luftsprüngen? In meinem Büro steht ein Trampolin. Wenn ich zu lang am Computer gesessen habe und sowohl die Nackenmuskeln als auch mein Verstand streiken, hüpfe ich und schüttle mich auf dem elastischen Untergrund, bis alles wieder locker ist.

- Was würde Ihnen guttun?
- Wo könnten Sie mehr Pausen brauchen?
- Welche Bereiche Ihres Lebens kommen regelmäßig zu kurz?
- Wie könnten Sie mehr Spaß und Lebendigkeit in Ihr Leben bringen?
- Wobei handeln Sie konsequent gegen das eigene Bauchgefühl?
- Wären Sie Ihr bester Freund: Was würden Sie sich raten?

Tun oder nicht tun, das ist hier die Frage

Sie dürfen im Alltag und in Ihrer Beziehung Grenzen setzen. Manchen Menschen fällt es in der Partnerschaft nicht leicht, Nein zu sagen. Kein Wunder, dass es zur Kunst des Nein-Sagens so viele Bücher gibt. Hier gilt: üben, üben, üben! Wenn Sie es schaffen, frühzeitig Nein zu sagen, wird es Ihnen leichter gelingen, dies ruhig und langsam zu äußern, damit es klar und deutlich beim anderen ankommt. Wer zu lange wartet, bis er sich zur Wehr setzt, wirkt schnell unfreundlich, laut oder aggressiv. Falls Sie sich überlastet und ausgenutzt fühlen, überlegen Sie sich drei Dinge, bei denen Sie gerne NEIN! sagen würden: unliebsame Aufgaben im Haushalt, Verpflichtungen gegenüber Ihrem Partner oder anderen Personen und sonstige undankbare Projekte. Selbst wenn keiner außer Ihnen bereit ist, diesen Part zu übernehmen, geben Sie mindestens eine dieser Verpflichtungen ab. Solange Sie das Katzenklo sauber halten, wird es niemand anderes übernehmen. Solange Sie für alle einkaufen, wird sich sonst niemand darum reißen. Das kann sich schnell ändern, wenn Sie (am besten angekündigt) in Streik treten. »Aus der Rolle fallen, um aus der Falle zu rollen«, nannte die Familientherapeutin Virginia Satir das so passend.

Halten Sie es einmal aus, wenn Ihre Familie das nicht freudig begrüßt. Erklären Sie ruhig und sachlich Ihre Entscheidung, und behalten Sie im Hinterkopf, dass Ihr Nein Ihr Selbstwertgefühl ankurbelt. Wenn Sie bis zum Zusammenbruch ausharren, ist niemandem gedient. Machen Sie nicht gleich Tabula rasa, und schmeißen Sie nicht gleich alles hin. Geben Sie sich, Ihrem Partner und Ihrer Familie eine ehrliche Chance: Beginnen Sie frühzeitig und solange die Beziehung noch Ziele und Sie noch Wünsche haben.

Eine gute Fee

Als Fan von Science-Fiction- und Fantasy-Romanen begegnen mir häufig Geschichten von machtvollen Wesen und wunscherfüllenden Feen. Bei Letzteren sind sich die Autoren scheinbar einig: Man sollte mit der von einer Fee angebotenen Wunscherfüllung sehr bedacht umgehen. Immer hat die Sache irgendeinen Haken, und schwups! ist das Erstgeborene oder die eigene Seele verkauft. Angenommen, solch eine Wunder vollbringende Fee erscheint Ihnen eines Tages mit der freudigen Botschaft, dass Sie sich aus irgendwelchen speziellen Gründen eine Zuteilung der besonderen Art verdient haben. Sie dürfen sich ein Traumauto wünschen. Egal welches, es wird fünf Minuten später vor Ihrer Haustür stehen. Sie brauchen nichts dafür zu tun, außer sofort Modell und Farbe zu nennen, und das Gefährt wird prompt geliefert. Die Sache hat nur einen kleinen Haken: Es wird Ihr letztes und einziges Auto sein. Sie werden kein anderes mehr bekommen. Also müssen Sie zusehen, dass es möglichst lange hält. Vorausgesetzt, Sie können diesen Wunsch nicht ablehnen: Welches Traumauto würden Sie wählen? In meinem Fall wäre es definitiv ein Oldtimer. Ein Jaguar E-Type oder eine alte Corvette. Und dann? Was würden Sie tun? Einfach drauflosfahren und den Wagen behandeln wie einen ganz normalen Gebrauchsgegenstand? Das günstigste Motoröl verwenden und Kraftstoff immer erst nachfüllen, wenn der Tank schon trocken ist? Ständig maximales Tempo fahren und komische Geräusche oder merkwürdige Anzeigen einfach ignorieren? Nein, höchstwahrscheinlich würden Sie das lassen. Mit einem Auto würden Sie wohl nicht so fahrlässig umgehen. Mit Ihrem Körper wahrscheinlich schon eher. Obwohl er definitiv nicht ausgetauscht werden kann und Sie den Rest Ihres Lebens begleiten wird. Während einige Zeitgenossen immerhin ihre leibliche Hülle einigermaßen pflegen, misshandeln sie dafür aber ihre Seele. Mit einem Job, der nur noch nervt, oder Beziehungen, die nicht mehr guttun.

Statt sich ständig anzutreiben »Was mache ich als Nächstes? Wer braucht mich? Was steht noch alles auf meiner Agenda?«, fragen Sie doch lieber mal »Was könnte mich jetzt zum Lächeln bringen?« oder »Was nährt meine Seele? Was würde mich heute wenigstens ein klein wenig glücklicher machen?«. Und dann tun Sie es!

Mitgefühl statt Selbstkritik

»Macht nichts, das kann jedem mal passieren!« Diese Worte gehen den meisten Menschen schnell über die Lippen. Ebenso ist ein »Alles gut, wird schon wieder!« leicht dahergesagt. Aber wie sieht es aus, wenn es gar nicht um einen anderen Menschen geht, der Ihr Mitgefühl braucht, sondern Sie selbst? Wenn Sie zum Beispiel gerade etwas ausgesprochen Dummes gemacht oder trotz aller Mühen bei etwas Wichtigem versagt haben? Mitgefühl würde in einem solchen Fall bedeuten, dass Sie auch sich selbst gegenüber so großzügig und verständnisvoll sein könnten wie gegenüber einem guten Freund. Viele haben zwar noch eine Engelsgeduld, wenn es darum geht, ihren Mitmenschen behilflich zu sein. Aber wehe, wenn es sich um die eigenen Belange handelt, dann scheint Geduld plötzlich ein Fremdwort zu sein. Mitgefühl für andere zu entwickeln, scheint unkomplizierter zu sein, als bei sich selbst Gnade walten zu lassen. Irren ist zwar menschlich, und jeder kann mal Fehler machen. Aber inwieweit gilt das Gebot der Nachsicht auch für Sie selbst, und wie oft halten Sie sich wirklich daran? Verstehen Sie Ihre Fehler als Lernmöglichkeiten mit Wachstumspotenzial oder zerfleischen Sie sich bei jedem Misserfolg?

Selbstmitleid statt Burnout

Es gibt Menschen, die glauben, dass es sie schwächen würde, wenn sie sich bemuttern und nach Fehlschlägen nachsichtig mit sich umgehen würden. Sind Sie auch der Überzeugung, dass Sie schneller lernen und besser werden, wenn Sie besonders hart zu sich selbst sind, sich geißeln und für den kleinsten Ausrutscher stundenlang Vorwürfe machen? Diffamierende Lehrer, die Kinder anschnauzen und ihnen ständig ihre Unzulänglichkeiten vorhalten, würden von verantwortungsvollen Eltern aus der Schule geklagt. Während im Kopf der gleichen Eltern scheinbar ganz andere Gesetze gelten, wenn es um sie selbst geht. Da ist bei vielen

Schimpf und Schande an der Tagesordnung. Dabei wäre das Gegenteil viel hilfreicher, wie in verschiedenen Studien immer wieder aufs Neue bewiesen werden konnte: Nicht Härte, sondern Mitgefühl und Selbstfürsorge spornen uns an und motivieren uns durchzuhalten. Es stärkt die mentale Widerstandskraft und macht uns weniger anfällig für Burnout und Depressionen. Eine groß angelegte Metaanalyse zeigte, dass Selbstliebe und Gesundheit ganz klar zusammenhängen. Man konnte nachweisen, dass Mitgefühl mit sich selbst bei einer schweren Krankheit sogar heilsamer ist als ein achtsamer Lebensstil.

Das Selbstwertgefühl stärken

Selbstmitgefühl und Selbstwertgefühl bedingen und bestärken einander gegenseitig. Wer sich in schwierigen Situationen liebevoll und fürsorglich behandelt, kann sogar ein angeknackstes Selbstwertgefühl aufpäppeln. Beim nächsten Mal, wenn nicht alles so läuft, wie Sie es geplant haben, halten sie kurz inne und entscheiden Sie sich bewusst gegen den Krieg in Ihrem Kopf. Behandeln Sie sich lieber so, als wären Sie Ihr bester Freund oder eine liebevolle Mutter. Die würden sich voll und ganz einsetzen, notfalls sogar für Sie kämpfen. Für Ihr Recht, Ihr körperliches Wohl, Ihre persönlichen Interessen und Bedürfnisse. Wahrscheinlich würden Sie auch wesentlich besser als Sie selbst Ihre Grenzen kennen und diese verteidigen. Denn der wahre Feind sitzt selten da draußen. Er ist viel häufiger in Ihrem eigenen Inneren zu finden. In der Gestalt von Ignoranz, Depression, Selbsthass, übertriebenem Pflichtbewusstsein oder Angst blockieren wir unsere Lebensfreude. Menschen tun sich auf vielerlei Weisen weh, ohne es zu bemerken. Deshalb ist das Wichtigste, dass Sie dies wahrnehmen. Auch wenn Sie irgendwann in Ihrer Kindheit gelernt haben sollten, sich respektlos zu behandeln, heißt das noch lange nicht, dass Sie dies als Erwachsener unbedingt beibehalten müssen.

Da es meist viel leichter fällt, sich für andere einzusetzen, tun Sie doch einfach einmal so, als ginge es gar nicht um Ihre eigenen Belange, sondern um die eines Freundes oder um die Bedürfnisse eines Kindes. Was in vielen Fällen auch durchaus so ist. Oder sollen Kinder in Ihrer Nähe lernen, dass später immer alle anderen wichtiger sind, man sich unbedingt übernehmen muss und Eltern keine eigenen Rechte haben? Wenn Sie gut für sich selbst sorgen, haben Sie viel mehr Energie, um sich für die, die Ihnen am Herzen liegen, einzusetzen. Sie leben dann auch vor, was Sie wahrscheinlich anderen längst predigen: Lebe dein Leben und tu das, was dich glücklich macht!

Radikale Selbstliebe

Wer liebevoll mit sich umgeht, neigt automatisch dazu, auch seinen Partner besser zu behandeln und verfügt in Krisenzeiten über mehr Toleranz. Dann kochen im Streit die Gefühle weniger hoch, und es fällt leichter, eine Einigung zu finden. Hart zu sich selbst zu sein und immer brav zu funktionieren, geht nicht nur auf Kosten der Lebensqualität. Wer ständig die eigenen Emotionen deckelt, schwächt seine Empathiefähigkeit und fördert die Distanz zu anderen. Selbsthass und Härte sind zudem nicht gerade die idealen Bausteine für eine glückliche Beziehung. Persönliche Krisen und Beziehungsstress überstehen Sie am besten mit der AEG-Methode:

Die AEG-Methode für radikale Selbstliebe

Akzeptieren:
Wenn Sie offen und ehrlich akzeptieren, was passiert ist, fällt es leichter, freundlich zu reagieren. Statt mit Selbstkritik oder Ignoranz begegnen Sie sich lieber mit etwas Freundlichem, zum Beispiel:

- »Autsch, das war heftig!« oder
- »Ohoh, das ist gar nicht gut!« oder
- »Mist, das wollte ich doch gar nicht! Ich glaub, das war ganz schön mies von mir!« oder
- »Das reicht, ich habe die Nase voll davon!«

Entspannen und trösten:
Tun Sie als Nächstes so, als ginge es nicht um Sie, sondern um ein kleines Kind oder einen Menschen, der Ihnen sehr am Herzen liegt, und wählen Sie einen entspannenden und tröstenden Gedanken:

- »Das hätte jedem passieren können.«
- »Andere kochen auch nur mit Wasser.«
- »In ein paar Jahren wirst du darüber herzhaft lachen und das auf Partys zum Besten geben.«
- »Zeige mir jemanden, der noch keinen Fehler gemacht hat, und ich zeige dir einen Menschen, der noch nie etwas geleistet hat.« (Theodore Roosevelt)

Bleiben Sie weiterhin im Modus der inneren Mutter oder des guten Freundes und überlegen Sie, was oder wer jetzt helfen könnte. Wenn eine schnelle Lösung nicht in Sicht ist, können Sie zumindest darüber nachdenken, was Ihnen spontan Entspannung oder Linderung bringen würde. Vielleicht ein Schaumbad, ein Telefonat mit der besten Freundin, gute Musik oder ein paar Pralinen? Ja, ich weiß, Schokolade kann keine Probleme lösen. Aber das kann ein Apfel bekanntlich ja auch nicht.

Glück im Unglück:
Geben Sie der Sache zum Abschluss noch einen positiven Sinn. Was können Sie daraus lernen? Was würden Sie beim nächsten Mal anders machen? Wovor hat das Ganze Sie oder andere bewahrt? Wofür können Sie trotz allem noch dankbar sein?

Der amerikanische Erfolgsautor und Managementberater Laurence J. Peter hat es so formuliert: »Fehler vermeidet man, indem man Erfahrung sammelt. Erfahrung sammelt man, indem man Fehler macht.«

Sprachliche Gewohnheiten

Falls es mit der positiven Umdeutung mal nicht so recht klappen will und Sie sich in Selbstkritik und Vorwürfen verlieren, nutzen Sie die Macht der Gewohnheit zu Ihren Gunsten: Wenn Sie darauf achten, werden Sie feststellen, dass Ihr innerer Kritiker Sie immer in der gleichen Sprache zur Schnecke macht. Da Sie dieses Buch lesen, ist es höchstwahrscheinlich Deutsch. Und selbst wenn nicht, welche andere Sprache sprechen Sie noch? Vielleicht Englisch? Dann übersetzen Sie die internen Schimpftiraden bitte mal ins Englische oder eine andere Sprache. Wenn Sie unterwegs hängen bleiben, weil Ihnen ein paar Vokabeln fehlen – prima! Es ist ja genau die Idee, dass Sie beim Niedermachen und Grübeln gestoppt werden oder diese Tätigkeit zumindest erschwert wird. Wenn Sie lachen müssen, weil Ihnen auf diese Weise alles etwas absurd erscheint – wunderbar! Sobald Sie über sich selbst oder Ihre Lage lachen können, haben Sie auf jeden Fall gewonnen!

Perfektionist oder Superheld?

Und, wie sieht es aus, können Sie gut über sich selbst lachen? »Wenn wir nicht mehr über uns lachen können, ist es höchste Zeit, ein ernstes Wort mit uns zu reden«, betonte der Dichter und Aphoristiker Ernst Ferstl. Das Wichtigste, was Sie wieder lernen dürfen, ist über Ihre Fehler gelegentlich zu schmunzeln und sich als Mensch trotzdem so zu akzeptieren, wie Sie nun mal sind. Begegnen Sie sich selbst mit radikaler Selbstliebe. Unabhängig davon, was Sie gerade geleistet, verbockt oder aufgeschoben haben. »Ja, ich bin wirklich manchmal ganz schön vergesslich und unordentlich, aber ich mag mich trotzdem!« Oder ist etwa die Zuneigung, die Sie Ihrem Partner und anderen entgegenbringen, auch immer abhängig von deren zuletzt erbrachten Leistungen? Sind wir lediglich ohne Schwächen wirklich stark und liebenswert? Ganz im Gegenteil! Nur wer zu seinen Schwächen steht, den empfinden wir als charakterstark, bewundernswert und liebenswürdig. Es ist sogar eine unverzichtbare Eigenschaft von Superhelden, dass sie ihre Schwächen haben und auch mal Fehler machen, damit wir sie ins Herz schließen können. Dies mag paradox erscheinen, aber erst dann taugen Helden zum guten Vorbild, dem man nacheifern möchte. Sie müssen ja nicht gleich zum Superhelden avancieren, aber wenn selbst diese Fehler machen können, dann dürfen Sie das definitiv auch!

Vonweg oder Hinzu?

Es gibt übrigens noch andere Verhaltensweisen, die wir von Leitfiguren lernen können. Leuchtende Vorbilder haben oder hatten immer ein klares Ziel, eine Hinzu-Motivation. Wohingegen Angsthasen und furchtsame Perfektionisten eher eine Vermeidungsstrategie, eine Vonweg-Motivation, verfolgen. Was ist Ihre persönliche Haupttriebfeder, wenn Sie sich anstrengen? Ist es ein Kraftakt, mit der Intention, Scheitern und Ärger zu vermeiden, oder treibt Sie die Vorfreude auf das Ergebnis Ihres Tuns zu Höchstleistungen an? Letzteres ist auf jeden Fall nicht so aufreibend, wie von der ständigen Sorge getrieben zu werden, womöglich etwas falsch zu machen.

Perfektionisten sind Energieverschwender

Nicht nur die Vonweg-Motivation raubt unnötig viel Schwung. Auch das Feilen an unwichtigen Kleinigkeiten stiehlt Zeit und bewirkt selten eine wirkliche Aufwertung. Die meisten Superhelden sind wohl eher

Anhänger des Pareto-Prinzips. Sie handeln schnell, so gut wie möglich und ohne alles bis ins Kleinste zu planen oder am nicht ganz perfekten Ergebnis noch tagelang herumzubasteln.

Der Pareto-Effekt oder auch die 80/20-Regel ist benannt nach dem italienischen Ökonomen und Soziologen Vilfredo Pareto. Dieser hatte in seinen Studien und Berechnungen herausgefunden, dass 80 Prozent des Erfolges einer Arbeit schon mit 20 Prozent des gesamten Einsatzes erzielt werden. Die fehlenden 20 Prozent bis zur Vollkommenheit kosten also die meiste Kraft. Den Löwenanteil, nämlich 80 Prozent des gesamten Arbeitsaufwandes, muss man investieren, um auch den letzten Rest zu erreichen. Perfektionisten haben für ihren lebensenergieraubenden Einsatz zumeist gute Argumente. Es ist unbedingt nötig, ... weil alles davon abhängt ... sonst ... Dabei erliegen Sie unbemerkt der Illusion, dass Ihr Lebensglück gerade von der Sache abhängig wäre, mit der Sie sich momentan beschäftigen. Das nennt man auch Fokussierungsillusion. »Nichts im Leben ist so wichtig, wie Sie denken, während Sie darüber nachdenken«, erörtert der Psychologe und Nobelpreisträger Daniel Kahneman diesen Effekt.[12] Vielleicht dürfen wir öfter mal mit etwas Abstand uns selbst von außen beobachten und fragen:

- »Ist das, was ich da mache, wirklich so weltbewegend wichtig oder problematisch, wie ich mir gerade erzähle?«
- »Was könnte schlimmstenfalls passieren, wenn ich diesmal nur achtzig Prozent des gewünschten Ergebnisses erziele, dafür aber statt einhundert Prozent nur zwanzig Prozent meiner Zeit investiere.«

Das Pareto-Prinzip

Eine gute Freundin von mir hat vor vielen Jahren der Idee des Herrn Pareto zwangsweise eine Chance geben müssen. Sie führte eine große Werbeagentur. Da sie diese schon mit Anfang dreißig von Ihrem Vater übernommen hatte, stand sie unter großem Erfolgsdruck. Denn ihre Brüder hatten ebenfalls damit gerechnet, die Leitung vererbt zu bekommen, und beobachteten deshalb die Arbeit der Schwester besonders kritisch. Also gab sie sich bei allem doppelt so viel Mühe und war bereits ziemlich ausgebrannt, als sie einen kleinen Auftrag von einer bekannten Unternehmensgruppe bekam. Sie ahnte, dass von dem Ergebnis ihrer Arbeit abhing, ob sie einen neuen Großkunden gewinnen würde. Ausgerechnet zu diesem Zeitpunkt bekamen ihre beiden Zwillingsmädchen die Windpocken und steckten den Papa gleich mit an. Windpocken sind bei Erwachsenen sehr selten, dafür aber umso heftiger. Die Tage vergingen. Meine Freundin war zu Hause voll ausgelastet und hatte kaum eine ruhige Minute für ihre Arbeit. Als die Deadline näher rückte, machte sie etwas, das sie zuvor für unvorstellbar hielt. Sie nutzte das Pareto-Prinzip und nahm sich nur einen Bruchteil der Zeit, die sie normalerweise investiert hätte. Ihr Mann und die Kinder waren ihr nun mal wichtiger als alles andere. Trotzdem drückte sie ein schlechtes Gewissen, als sie dem Kunden ihre grob skizzierten Entwürfe schickte. Doch dieser war begeistert. Für ihn zählte die kreative Idee mehr als eine ausgefeilte Präsentation. Bis heute ist er einer ihrer größten Kunden und hat ihr viele lukrative Jobs eingebracht. Eines behielt die Agenturchefin seit jener Begebenheit bei: Wichtige Aufträge erledigt sie immer in minimaler Zeit und verlässt sich dabei auf ihre Intuition beziehungsweise die erste, spontane Idee. Das »Hinrotzen«, wie sie es nennt, hat sich bewährt. Ihre Kunden lässt sie allerdings stets ein paar Tage auf die Entwürfe warten, um diesen das Gefühl zu geben, dass für die Ideenentwicklung auch angemessen viel Zeit investiert wurde.

Weniger ist mehr

Bemessen auch Sie den Wert Ihrer Arbeit anhand der Zeit, die Sie dafür investiert haben? Selbst wenn Sie instinktiv wissen, dass das eine mit dem anderen nichts zu tun hat? In welchem Bereich Ihres Lebens könnten auch Sie es schaffen, mit weniger Verausgabung ein zufriedenstellendes Resultat zu erreichen? Vielleicht sogar ein überlegeneres. Denn nicht selten bewirkt ein intensives Nacharbeiten lediglich eine Verschlimmbesserung. »Einfachheit ist die ultimative Form der Perfektion«, erklärte schon Leonardo da Vinci. Man kann die 80/20-Regel übrigens auf viele Dinge anwenden: Achtzig Prozent eines Problems könnten schon mit zwanzig Prozent des gesamten Nachdenkens gelöst werden. Nach zwanzig Prozent der Zeit, die man zum Aufräumen einer Wohnung aufwendet, ist das Chaos zu achtzig Prozent beseitigt. Achtzig Prozent der Zeit trägt man nur zwanzig Prozent der eigenen Schuhe. Das Gleiche gilt natürlich auch für den Rest der Garderobe. Achtzig Prozent des täglichen Energiebedarfs verlieren wir bei zwanzig Prozent unserer Alltagsroutinen. Was kostet Sie die meiste Zeit und Energie? Wann ist Ihre Kraft am ergiebigsten und beschert Ihnen achtzig Prozent des Erfolgs? Für welche zwanzig Prozent setzen Sie übermäßig viel Lebensenergie ein? Wie könnten Sie das verändern?

Nach Perfektion zu streben ist leider eine recht penetrante Gepflogenheit. Jede Vorgehensweise, die Sie in Richtung Leichtigkeit und Lebensfreude verändern, ist daher absolut lobenswert. Selbst wenn sie nicht perfekt ist!

Gut gemacht!

Verabschieden Sie den inneren Perfektionisten und werden Sie zum Helden des Alltags. Welche Angewohnheiten und Ansichten Sie dafür verändern dürfen, verrät Ihnen die nachfolgende Liste:

Perfektionist	Alltagsheld
Getrieben von Angst	Power durch Leidenschaft
Weg vom Scheitern	Hin zu Erfolg
Fehler vermeidend	An Fehlern wachsend

Perfektionist	Alltagsheld
Auf der Suche nach Problemen	Auf der Suche nach Lösungen
Perfekt	Effizient
Ständiges Nacharbeiten	Sieht, wenn etwas fertig ist
Nie fertig	Lässt los, wenn etwas gut genug ist
Nie zufrieden	Zufrieden mit sich und der Welt
Hadert mit kleinsten Fehlern	Feiert seine Erfolge
Unsicheres Selbstwertgefühl	Hohes Selbstbewusstsein
Motiviert durch schlechte Gefühle	Motiviert durch gute Gefühle
Ziel: maximale Perfektion	Ziel: maximale Lebensfreude
Superpower: hart zu sich selbst	Superpower: Leichtigkeit

Erfolge bewusst genießen

Eine der ersten Hausaufgaben, die ich im Rahmen meiner Ausbildung gestellt bekam, erschien mir damals sehr schwierig und zudem äußerst merkwürdig. Wir sollten vierzig Dinge aufschreiben, auf die wir stolz sind. Lange habe ich darüber gebrütet, aber je mehr ich nachdachte, desto leichter fiel es mir, und nachdem ich mich auf den Gedanken eingelassen hatte, war die Liste schneller gefüllt als erwartet.

Was wären Ihre vierzig Dinge? Worauf könnten Sie stolz sein? Halten Sie bitte jetzt kurz inne. Unterbrechen Sie Ihren Lesefluss und nehmen Sie sich die Zeit darüber nachzudenken:

- Worauf sind Sie stolz?
- Was stünde auf Ihrer Liste ganz weit oben?
- Was mussten Sie dafür tun?
- Wie lange hat es gedauert?
- Hätte das jemand anderes wirklich genauso gut geschafft?
- Wie war das Gefühl, als Sie Ihr Ziel erreicht hatten?
- Was haben Sie damals gedacht?

Momente des Triumphes und der Selbstachtung sollten Sie auskosten und immer wieder genießen. Mein Mann und ich denken bei diesem Thema meist an die gleiche Begebenheit: als wir unseren ersten Seminarerfolg in einem spanischen Restaurant mit Rheinblick feierten. Bei gutem Wein, Baguette und Garnelen mit höllisch viel Knoblauch saßen wir, zum Sonnenuntergang in Decken gehüllt, als Einzige noch draußen. Der Kellner, nicht wissend womit wir unseren Tag verbracht hatten, sagte so treffend: »Ihr seid meine Helden!« Wie recht er doch hatte. Solche Erinnerungen darf man immer wieder hervorholen und in ihnen schwelgen. Das macht gute Gefühle, gibt Kraft und stärkt das Selbstbewusstsein. So fällt es Ihnen auch leichter, den nächsten Sieg etwas mehr zu zelebrieren und den inneren Perfektionisten gegen Lebensfreude auszutauschen.

Um die Superpower Ihres inneren Alltagshelden zu trainieren, ist es ratsam, dass Sie sich regelmäßig einen Tag der Leichtigkeit verordnen und dann fünf gerade sein lassen. Oder machen Sie es wie Astrid Lindgrens berühmte Heldin: »Zwei mal drei macht vier, widdewiddewitt und drei macht neune! Ich mach mir die Welt, widdewiddewitt wie sie mir gefällt ...«[13]

Guter und schlechter Selbstbetrug

»Glaub nicht alles, was du denkst!«, heißt es auf einer Postkarte mit dem Konterfei eines Esels. Ein schlauer Rat, denn Menschen neigen dazu, sich selbst Dinge einzureden, ohne auch nur im Ansatz daran zu zweifeln, dass das, was die eigenen grauen Zellen den lieben langen Tag produzieren, der Wahrheit entspricht. Studien haben ergeben, dass wir uns täglich mehrfach selbst in die Tasche lügen. »Sie deuten die Fakten so um, dass sie Ihrem Selbstbild in den Kram passen«, klärt der Philosoph Albert Newen von der Universität Bochum in Sachen Selbstbetrug auf.[14] Diese Art von Betrug ist eigentlich gar nicht so verkehrt, solange es sich um positiven Selbstbetrug handelt, wir uns Motivierendes einbilden und aufkommende Selbstzweifel im Keim ersticken. Burnout-Patienten tun leider eher das Gegenteil und sind zudem meist überzeugt davon, dass Sie keinen Einfluss auf ihre Emotionen haben. Doch dem ist nicht so, denn allein unsere Gedanken bestimmen unsere Emotionen!

Wie bereits erwähnt: Sie fühlen, was Sie fühlen, weil Sie denken, was Sie denken. Wie Sie über etwas denken und wie Sie etwas bewerten, bestimmt, wie Sie sich damit fühlen. Ihre Gedanken und unterbewussten Bewertungen beeinflussen Ihre Stimmung und sind der wesentliche Schlüssel, ob Sie glücklich oder unglücklich in Ihrem Leben und natürlich auch in Ihrer Beziehung sind. Während die Gedanken unentwegt frei durch Ihren Kopf schwirren, sortieren Sie Erlebtes in Schubladen und versehen alles mit einer Art Etikett. In der Verliebtheitsphase waren wahrscheinlich sogar ein paar rote Herzchen dabei und verursachten wunderbare Gefühle. Anhaltendes, verurteilendes Denken hat dagegen eine sehr zerstörerische Wirkung, nicht nur auf das Selbstwertgefühl. In der Partnerschaft provoziert es negative Schwingungen und untergräbt das liebevolle Miteinander. In der Folge können schon kleine Begebenheiten den Hausfrieden schwer erschüttern. Lassen Sie mich das an einem Beispiel etwas näher erklären.

Lohnt sich der Ärger?

Angenommen, Sie lieben (wie ich) Latte macchiato. An einem wunderbaren Sonntagmorgen möchten Sie gleich nach dem Aufstehen eine schöne Tasse davon trinken. Der Espresso ist schon fast fertig. Jetzt fehlt nur noch die Milch. Sie öffnen den Kühlschrank, doch dieser enthält vieles – nur keine Milch. Den eigentlich neutralen Zustand, »im Kühlschrank ist keine Milch«, bewerten Ihre Gedanken weniger neutral: »Na typisch, er hat wieder die Milch leer gemacht, keine neue gekauft und auch noch nicht mal Bescheid gegeben. Wie egoistisch! Was für ein blöder Start in den Tag!« Vielleicht fühlen Sie sich missachtet, nicht wahrgenommen, in Ihren Bedürfnissen übergangen oder gar ausgenutzt, weil Sie sich um alles kümmern und keiner an Sie denkt. Womöglich haben Sie sogar das Gefühl, dass sich irgendwie alles gegen Sie verschworen hat, vor allem einer – nämlich Ihr Partner.

Aber was wäre, wenn er just in diesem Moment lächelnd in die Küche spaziert käme, mit einer Flasche Milch unter dem Arm und duftenden Brötchen? Was wäre, wenn er sagte: »Oh, du bist schon auf. Schade, ich hatte gehofft, dass ich schneller bin. Ich habe die letzte Milch verbraucht, da bin ich schnell zum Bäcker gejoggt und habe uns auch gleich frische Brötchen mitgebracht. Ich weiß doch, dass du morgens deinen Kaffee brauchst.« Was wäre dann? Umsonst geärgert? Und was wäre, wenn er weder Milch noch Brötchen besorgt hat, sondern einfach nur faul im Bett liegt – lohnt sich der Groll dann eher?

Fünf Minuten auf der Palme

Wenn Sie sich über alltägliche Ärgernisse unbedingt ärgern wollen, dann bitte nie mehr als fünf Minuten. Spätestens danach wird es nämlich absichtlich. Ich denke, für destruktive Gedanken ist unser Leben ohnehin viel zu kostbar. Stellen Sie sich für die fünf Minuten auf der Palme wenigstens einen Wecker. Anschließend beschäftigen Sie sich gezielt und so intensiv wie möglich mit wichtigeren, vorzugsweise angenehmen Dingen. »Sich über jemanden zu ärgern bedeutet, sich selbst für die Fehler anderer Leute zu bestrafen«, sagt ein arabisches Sprichwort. Dennoch ziehen es manche Menschen vor, einen solchen Anlass zum Vorwand zu nehmen, um in Selbstmitleid und Jammern abzutauchen. Das kann man natürlich tun. Jeder hat das Recht dazu und manchmal sogar gute Gründe. Oft ist das Ziel dieses Verhaltens bei ehrlicher Betrachtung allerdings nichts anderes als eine subtile Form der Rache. Der Partner soll sich dadurch schuldig fühlen und mies vorkommen. Ein solcher Erziehungsversuch erscheint mir allerdings so sinnvoll, als würde man sich mit einem Hammer auf den Kopf schlagen, damit es jemand anderem wehtut.

Es ist ohnehin nicht zielführend, ständig zu klagen und andere verantwortlich zu machen, wenn es im Liebesleben nicht so läuft, wie man das gerne hätte. Kommen wir zurück auf eine Situation, in der Ihr Partner etwas tat oder unterließ, worüber Sie maßlos enttäuscht waren. Was denken Sie, wäre Ihr Partner in der gleichen Situation genauso frustriert? Würde jeder Mensch in einer ähnlichen Lage genauso reagieren wie Sie? Vielleicht können Sie es sich kaum vorstellen, aber derjenige, der Ihre Gefühle in negative Bahnen lenkt, sind in erster Linie Sie selbst sind. Was uns großen Kummer bereitet, ist selten die Angelegenheit selbst, sondern vielmehr unsere Bewertung und die starke Gewichtung, die wir einem Geschehen unterstellen. Wie wäre es, eine wohlwollende Einschätzung für das Verhalten Ihres Partners vorzunehmen? Vielleicht gibt es ja für das unerwünschte Verhalten einen triftigen Grund? »Im Zweifelsfall für den Angeklagten!«

Wie Sie über etwas oder jemanden denken und wie Sie eine Situation einstufen, bestimmt, wie Sie sich damit fühlen. Ihre Gedanken und unterbewussten Einschätzungen beeinflussen Ihre Stimmung und sind der wesentliche Schlüssel, ob Sie sich glücklich oder unglücklich in Ihrem Leben und natürlich auch in Ihrer Beziehung fühlen.

Warum Sie keine Schuld haben

Ein positiver Stimmungswandel im Umgang miteinander steht und fällt mit der Bereitschaft der Partner, die Fürsorge für sich selbst und ihre liebevolle Bindung zu übernehmen. Das gilt für beide. Wer die Verantwortung für das eigene Verhalten leugnet, der hat keine Chance, eine dauerhafte Veränderung zu initiieren. Die Verantwortung zu übernehmen, heißt nicht, sich schuldig zu bekennen. Es geht nicht um die Schuldfrage. Die hält beide nur im Teufelskreis aus Anklage und Schuldgefühlen gefangen. Daraus gibt es erst ein Entrinnen, wenn beide die volle Verantwortung für sich selbst, ihr Leben und die Beziehung übernehmen, die sie miteinander kreiert haben. Manchmal scheint die Verantwortlichkeit für eine Beziehungskrise hauptsächlich bei einer Person zu liegen. Doch das ist kein Grund für den anderen, sich sicher zurückzulehnen und nicht zuständig zu fühlen. Es bedeutet lediglich, dass die zerstörerischen Handlungsmuster tiefer liegen und das miteinander verstrickte Verhalten unbewusst abläuft.

Übernehmen Sie die Verantwortung und ersetzen Sie »man« durch »ich«

Um verborgene Strukturen schneller zu erkennen und ändern zu können, trennen Sie sich bitte als Erstes von einer kleinen sprachlichen Angewohnheit: Streichen Sie »man« aus Ihrem aktiven Wortschatz und ersetzen Sie es durch »ich«. Sie glauben nicht, wie oft das Wörtchen »man« benutzt wird:

Ja, das müsste man mal machen!	*Ja, das werde ich noch machen.*
Das kann man ändern.	*Das kann ich ändern.*
Da ärgert man sich.	*Da habe ich mich geärgert.*
Da denkt man, alles wäre gut ...	*Ich habe gedacht, alles wäre gut ...*

Haben Sie den Unterschied wahrgenommen? Viele sind sich nicht im Geringsten bewusst, wie oft sie das Wort »man« benutzen und sich dadurch innerlich von dem entfernen, was sie denken und fühlen. Auf diese Weise sind unangenehme Situationen zwar weniger schmerzhaft, aber es entsteht mit der Zeit eine innere Leere und das Gefühl, sich selbst verloren zu haben.

»Ich habe mich verloren!«

Von dem Frust einer Beziehung können Sie sich nur dauerhaft lösen, wenn Sie Ihre Gefühle wieder voll und ganz zulassen, damit Sie wissen, wo Sie überhaupt stehen. Manchen fällt es schwer, überhaupt noch etwas zu empfinden. Das passiert, wenn man sich zu lange von sich selbst und den eigenen Bedürfnissen abgeschnitten und distanziert hat. Manchmal ist der Schmerz so groß, dass ein Mensch unweigerlich aus der eigenen Haut schlüpft, quasi nur noch neben sich selbst steht und dem Geschehen wie gelähmt zuschaut. Diese distanzierte Haltung führt zunächst zu einer Art wohltuenden Betäubung. Dann sind die verletzenden Handlungen des Partners nicht mehr so schmerzhaft. Vor allem beim Mitleidssex greifen viele zu dieser Strategie und lassen den Akt über sich ergehen, ohne geistig wirklich anwesend zu sein. Für die eigene Seele ist das pures Gift. Aber auch für den Partner ist Mitleidssex ein sehr zweifelhaftes Geschenk. Wenn er dahinterkommt, ist es sehr beschämend. Wenn er nicht dahinterkommt, spricht dies nicht gerade für Ihre Beziehung und emotionale Nähe. Abgesehen davon, dass Mitleidssex keinem von beiden guttut, ist die gewohnheitsmäßige Flucht aus dem eigenen Körper ein unterschätztes Risiko. Wer immer nur neben sich steht und sich beim Leben zuschaut, spürt bald auch die schönen Gefühle nicht mehr und wird zunehmend zum Gefühlszombie. »Ich fühle irgendwie gar nichts mehr. Ich habe mich verloren«, klagen die Betroffenen.

Menschen mit hohem Burnout-Risiko grübeln, wenn es sinnvoller wäre, auf den Bauch zu hören.

Geht es Ihnen vielleicht ähnlich? Dann heißt es jetzt: fühlen statt denken!

- Was fühlen Sie? (Vielleicht Trauer, Wut oder ... Einsamkeit?)
- Was verdrängen Sie? (Vielleicht eine Enttäuschung, die eigene Lust oder ... klare Hinweise?)

Welche Gefühle auch immer Sie lange in sich verschlossen gehalten haben – Schmerz, Einsamkeit, Angst, Hoffnungslosigkeit, Verzweiflung, Eifersucht, Hilflosigkeit oder Hass –, lassen Sie sie zu und holen Sie diese an die Oberfläche. Vielleicht ist auch schon beim Eingangstest mehr hochgekommen, als Sie vermutet hätten. »Wer nicht fühlt, kann auch nicht vernünftig entscheiden oder handeln«, warnt der Biologe und Hirnforscher Gerhard Roth.[15] Deshalb wäre es ratsam, sich jetzt auch mutig mit der eigenen Wahrheit zu konfrontieren.

- In welchen Situationen stehen Sie neben sich?
- Was machen Sie sich und den anderen vor? Worin besteht Ihre Rolle?
- Wo fällt es Ihnen besonders schwer, Ihre Rolle aufrechtzuerhalten?
- Was wollen Sie nicht länger ertragen?

Mein Ziel ist es nicht, dass Sie zum Pessimisten werden oder sich fortan nur noch auf die negativen Emotionen konzentrieren. Ich möchte Sie dazu anstiften, negative Empfindungen nicht länger zu verdrängen, um wieder gute Entscheidungen fällen zu können und notwendige Veränderungen anzuschieben. Schenken Sie Ihrer Seele eine positive Stimmung und ein klares Ziel, damit Sie nicht nur gesund bleiben, sondern wieder aus dem Vollen schöpfen können.

Überlegen Sie nun bitte in aller Ruhe, was Sie in den nächsten zwei Wochen tun könnten, um Ihre alten Ketten und Zwänge endlich aufzubrechen. Was wartet dringend darauf, mit Ihren Mitmenschen, vor allem Ihrem Partner geklärt zu werden? Welchen goldenen Käfig sollten Sie langsam mal öffnen? Ich wünsche Ihnen dazu die Gelassenheit, Dinge hinzunehmen, die Sie nicht ändern können, den Mut, Dinge zu ändern, die Sie ändern können, und die Weisheit, das eine vom anderen zu unterscheiden (frei nach Reinhold Niebuhr).

Wie Sie Ihre neu erworbenen Einsichten nutzen und ihre Bedürfnisse erfolgreich durchsetzen können, ohne andere vor den Kopf zu stoßen oder sich ständig zu rechtfertigen, davon handelt der nächste Abschnitt.

Die hohe Kunst der Bedürfnis-Kommunikation

»Was kümmert es den Mond, wenn ein Hund ihn anbellt?«, sagt ein deutsches Sprichwort. In manchen Beziehungen gehört das Anbellen und Auf-Durchzug-Schalten schon zum Alltag. Oder beide liefern sich täglich ein Tennismatch aus Vorwurfsaufschlag und Verteidigungsrückschlag. Gerade in der dritten Phase eines Beziehungs-Burnouts, der Viel-Streit-um-nichts-Phase, gibt es oft heftige Diskussionen und viele Widerworte. Wenn ich in meiner Praxis dann die üblichen Fragen stelle »Was führt Sie zu mir? Was kann ich für sie tun?«, folgt als Antwort nicht selten ein Schwall aus bitteren Beschwerden über den Partner. Während dieser betroffen daneben sitzt, hagelt es gerade von Perfektionisten meist Vorwürfe ohne Punkt und Komma. Wurden negative Gefühle zu lange gedeckelt und Bedürfnisse nicht mehr adäquat kommuniziert, kann es schwierig erscheinen, sich Gehör zu verschaffen und trotzdem freundlich zu bleiben.

Gefühlen freien Lauf lassen?

Früher empfahlen Psychologen, Gefühlen freien Lauf zu lassen. Man ging davon aus, dass Menschen, die ihre Aggressionen ungebremst verbalisieren können, weniger handgreiflich wären. In der Therapie wurden Paare sogar ermutigt, sich anzuschreien oder gar mit Schwimmnudeln aufeinander einzuschlagen. Aber keine Sorge: Zum Glück hat man sich von dieser Strategie wieder verabschiedet, und damit sind auch die Schwimmnudeln aus den Paartherapiepraxen verschwunden. Die sogenannte Katharsistheorie wurde durch zahlreiche Studien widerlegt. Wir haben kein Reservoir mit aufgestautem Frust, welches man einfach so entleeren könnte, damit wieder alles eitel Sonnenschein ist. Ganz im Gegenteil: Je mehr wir uns verbal gehen lassen, desto höher ist die Wahrscheinlichkeit, dass es hinterher etwas zu bereuen gibt. Zetern, Schreien und Heulen wirken nicht kathartisch, sondern katalytisch und fördern wütendes bzw. verletzendes Verhalten. Verhaltensforscher konnten in ihren Studien nachweisen, dass Personen, die ihrer Wut keine Grenzen setzen, im Herzen immer feindseliger werden. Damit will ich nicht ausdrücken, dass Sie die Zähne zusammenbeißen und alle Probleme verdrängen oder totschweigen sollen. Nur bevor Sie den entfesselten Frust Ihren Liebsten ungefiltert an den Kopf werfen, erinnern Sie sich bitte daran, dass Sie der Chef in Ihrem Kopf sind.

If you name it, you can tame it

Lassen Sie Ihren Partner teilhaben an Ihren Überlegungen und den damit verbundenen Gefühlsregungen. Auch wenn es noch schwerfallen mag, bleiben Sie dabei nach Möglichkeit freundlich. Das bloße Benennen einer Emotion hilft übrigens schon, diese zu besänftigen. Im Englischen gibt es dazu ein sehr passendes Sprichwort »If you name it, you can tame it.« Was du beim Namen nennst, kannst du auch bändigen. Zudem ist es wichtig, dass Sie sich nicht einfach mit negativen Emotionen identifizieren. Sie empfinden diese vielleicht momentan, trotzdem bestehen Sie nicht daraus. Tatsächlich macht es einen großen Unterschied, ob Sie feststellen: »Ich bin sauer!«, oder ob Sie äußern: »Ich habe mich geärgert.« Mit einem »Ich bin sauer« schränken Sie Ihren Handlungsspielraum ein, da Sie sich auf das, was Sie sind, beschränken. Durch die Verwendung des Wortes »bin« bewegen Sie sich nämlich auf der Identitätsebene, und seine Identität kann man nun mal schwer verändern. Durch die Umformulierung in »Ich habe mich geärgert« machen Sie zwar immer noch klar, wie Sie sich fühlen, Sie bewegen sich dabei aber auf der Handlungsebene. Und Handlungen lassen sich viel leichter verändern. Auf der Handlungsebene sind Sie nicht länger Opfer, sondern werden wieder zum Vorgesetzten der eigenen Gefühle.

Die Interpretation der Umstände bestimmt auch hier wieder, ob unsere Emotionen hochkochen oder wir die Contenance bewahren. Ob ich mir sage: »Das hat er halt nicht besser gewusst. Ich habe es ihm schließlich nicht gesagt!« Oder mir einrede: »Das hätte er wissen müssen! Das konnte man doch nicht übersehen.« Ob ich mir denke: »Sicherlich war sie selbst zu sehr im Stress, sonst hätte sie mir geholfen«. Oder ob ich die Überzeugung hege: »Das war Absicht, ihr war es völlig egal, wie ich das alles schaffen soll!« Unsere subjektiven Analysen machen den Unterschied zwischen einer kleinen Wolke und einem großen Gewitter. Und statt sich mit Gedanken wie »Die spinnen ja wohl, das muss ich mir nicht länger gefallen lassen!« aufzustacheln, widersetzen Sie sich lieber dem automatischen Zurückschießen. Betrachten Sie es als eine gute Gelegenheit, Ihre Charakterstärke zu beweisen, indem Sie gelassen bleiben.

Sobald Sie sich bewusst für die Veränderung Ihrer Lage entschieden haben, sollten Sie konsequent Ihre Gedanken, Gefühle und Bedürfnisse kommunizieren.

- Was genau brauche ich jetzt?
- Was kann mein Partner tun, was sollte er lieber lassen?
- Was will ich denn stattdessen?

Wünsche statt Vorwürfe

Um Ihr Verlangen so effektiv wie möglich zu kommunizieren, ist es besser, Wünsche statt Vorwürfe zu formulieren. Statt »Wenn du mit den Kindern allein bist, setzt du sie die ganze Zeit vor den Fernseher!« könnten Sie sagen: »Kannst du bitte morgen den Kindern bei den Hausaufgaben helfen? Ich komme morgen spät aus der Klinik, und dann sind die Kinder zu müde, um sich zu konzentrieren, und ich viel zu erledigt, um die nötige Geduld aufzubringen.« Das wäre eine klare Ansage. Oft ist das, was dem einen genügen würde, wesentlich weniger, als der andere befürchtet. Deshalb ist es hilfreich, genau und konkret zu beschreiben, was das gewünschte Ergebnis ist. Statt »Nie kommst du pünktlich« lieber: »Ich würde mir wünschen, dass du wenigstens einmal in der Woche vor 20 Uhr zu Hause bist.«

Es kann manchmal sogar recht frustrierend sein, nicht zu wissen, dass man gebraucht wird. Deshalb ist es angeraten mitzuteilen, wobei Sie sich mehr Unterstützung wünschen. Statt »Ich bin sauer darüber, dass du unserer Tochter alles durchgehen lässt« lieber: »Ich habe mich geärgert, weil ich deine Unterstützung gegenüber unserer kopflosen, pubertierenden Tochter vermisse.« Statt »Nie hilfst du mir!« wäre sinnvoller: »Ich würde mich freuen, wenn du heute mal einkaufen könntest. Eine Liste der Sachen, die fehlen, hängt auch schon am Kühlschrank.« Diese Vorgehensweise ist übrigens vor allem auch dann ratsam, wenn Sie derjenige in der Familie sind, der über das proaktivere Betriebssystem verfügt.

Leichter als gedacht

In einigen Fällen ist es sogar leichter, den anderen zufriedenzustellen, als gedacht. Schmunzelnd muss ich bei diesem Thema immer an ein Paar aus Wien denken, das vor ein paar Jahren für zwei Tage zu mir nach Berlin reiste. Die Ehefrau beklagte sich über das ausufernde Hobby ihres fotografierenden Mannes. Dieser träumte davon, den gehassten Job als Buchhalter an den Nagel zu hängen, um seine Leidenschaft zum Beruf zu machen und Hochzeitsfotograf zu werden. Zum Leidwesen seiner Frau raubte der Einsatz hinter der Kamera zahlreiche Familien-Wochenenden. »Und dann macht er auch noch alles unentgeltlich«, beklagte sich die Mutter von drei Kindern unter Tränen. Sie verstand zwar, dass er Übung und Einsätze brauchte, um sich einen Namen zu machen und ein Portfolio vorweisen zu können, dennoch empfand sie sein Verhalten als egoistisch. Als ich sie fragte, was er ändern müsse, damit sie sich wohler fühlen würde, antwortete sie, dass er einfach nur nicht ohne Entgelt arbeiten sollte. »Er ist aber nun mal davon überzeugt, dass er für seine Arbeit nichts verlangen kann. Schließlich ist er ja schon froh, wenn man ihn, als Anfänger, bei großen Hochzeiten überhaupt fotografieren lässt«, erklärte sie mir vorschnell die Argumente ihres

Mannes, bevor dieser überhaupt etwas entgegnen konnte. Diese leidige Diskussion führten beide offensichtlich nicht zum ersten Mal. Trotzdem machte ich dem Hobbyfotografen Mut, genauer nachzuhaken, statt zu Verteidigung und Rechtfertigung überzugehen. Daraufhin fragte er seine Frau erstmals ganz konkret: »Was wäre denn der Mindestpreis, den ein Paar für meine Fotografendienste zahlen müsste? Was bräuchtest du, damit du das Gefühl hast, dass es ok ist, wenn ich dafür mein Wochenende opfere?« Was dann geschah, werde ich nie vergessen, denn über die Antwort seiner Frau fiel der Mann fast lachend vom Stuhl. »So wenig? Das ist alles? Das ist mit Sicherheit überhaupt kein Problem. Darauf wäre ich ja nie gekommen, dass dich das mit dem Fotografieren versöhnen würde«, gluckste er erleichtert. Seine Frau wollte einfach nur von dem frisch vermählten Paar zu einem Abendessen eingeladen werden, um an ihrem großen Glück teilhaben zu können. Geteilte Freude ist bekanntlich doppelte Freude und eine hervorragende Burnout-Therapie obendrein.

Artikulieren Sie Ihre Gedanken, Gefühle und Wünsche so eindeutig wie möglich! Wer genau weiß, was er braucht, und das auch klar kommuniziert, macht es dem Partner leichter als jemand, der nur schimpft und grummelt, wenn etwas nicht stimmt. Auch wenn es noch so romantisch wäre, Gedankenlesen ist den meisten Menschen nun mal nicht in die Wiege gelegt.

Das Leben ist zu kurz für Rechtfertigungen

Es geht nicht immer nur darum, zu kommunizieren, was Sie sich wünschen. Manchmal ist es wichtiger, klar zu äußern, was Sie nicht wollen. Jedes Mal, wenn Sie zu Situationen NEIN sagen, bei welchen Sie früher JA gesagt hätten, um niemandem vor den Kopf zu stoßen, haben Sie einen großen Schritt in Richtung Gesundheit und Liebesglück gemeistert. Lassen Sie sich nicht länger Dinge auferlegen, nur weil Sie Angst vor den Konsequenzen einer Zurückweisung haben. Und immer, wenn

Sie sich trauen, NEIN zu sagen, ohne sich sofort dafür zu rechtfertigen, dürfen Sie sich innerlich auf die Schulter klopfen.

Hatten Sie jemals befriedigenden Erfolg bei dem Versuch, sich für etwas zu rechtfertigen? Wie oft konnten Sie Ihre Mitmenschen dadurch überzeugen? Wann haben Sie sich das letzte Mal nach einer ausgiebigen Rechtfertigung wirklich besser gefühlt? Das Bedürfnis, zu erklären, warum ein Vorgehen notwendig oder wichtig war, ist zwar zutiefst verständlich, aber nicht hilfreich. Das gewünschte Ergebnis, die Einsicht beim Gegenüber, ist leider selten der Fall. Eher folgt von der Opposition eine Erläuterung mit Gegenargumenten. In der Hoffnung, der andere möge doch verstehen und einsehen, reden schnell beide aufeinander ein – mit diversen Variationen ihrer Ausgangsthesen. Das ist aus meiner Sicht meist reine Zeitverschwendung.

Wenn Sie den Mut ergreifen, authentisch zu sein und zu dem zu stehen, wie Sie wirklich sind, ohne sich dafür zu entschuldigen, werden Sie Beziehungen führen, die auf Augenhöhe sind, mit Menschen, die Sie respektieren.

Stress- und Emotionsmanagement

Als ich anfing, dieses Buch zu schreiben, erzählte mir ein Freund begeistert von seinem letzten Selbsterfahrungsseminar. In dem Männerworkshop sollte er sich seinen Gefühlen stellen und mit dem Thema Aggression kreativ auseinandersetzen. Eine Übung hatte ihn dabei besonders fasziniert, wobei die Aufgabe darin bestand, die eigene Wut bewusst an jemand anderem abzuarbeiten, aber zuvor das Gegenüber um Erlaubnis zu fragen. Zum Beispiel mit »Darf ich dich mal schubsen?« oder »Darf ich dich bitte anschreien?«. Ich musste schmunzeln und stellte mir vor, wie es wäre, beim nächsten Bad Hair Day meinen Mann um die Erlaubnis zu fragen: »Darf ich dich heute mal anzicken?«, statt mich hinterher zu entschuldigen mit einem »Sorry, ich hab einen schlechten Tag. Du hast es nicht verdient, so angegrummelt zu werden.«

So ungesund wie Fast Food

Gerade Burnout-Kandidaten glauben, dass sie sich erst mal wieder gut fühlen müssten, um mehr positive Gedanken zu haben und kontaktfreudiger zu ihren Mitmenschen zu sein. Tatsächlich ist es genau umgekehrt: Sie müssen positive Gedanken haben, um sich gut fühlen zu können. Achten Sie deshalb sehr genau darauf, was Sie in Ihren Kopf lassen. Wenn wir dabei nur halb so kritisch vorgehen wie bei dem, was wir in unseren Magen lassen, würde das die allgemeine Gesundheit enorm verbessern. Denn anhaltendes negatives Denken ist mindestens so ungesund wie Fast Food. Laut Langzeitstudien leben Optimisten im Schnitt siebeneinhalb Jahre länger als Pessimisten. In Delft konnte ein Forscherteam nachweisen, dass in dem untersuchten Zeitraum von neun Jahren das Sterberisiko für die Griesgrämigen fast doppelt so hoch war wie für die Frohnaturen.[16] Konzentriert man den Fokus auf Herz-Kreislauf-Krankheiten, sind die Ergebnisse der Forschung noch beeindruckender: Eine positive Lebenseinstellung kann das Todesrisiko um fünfundsiebzig Prozent verringern. Es[17] lohnt sich also, über Gedankenhygiene nachzudenken ...

Übrigens haben meiner Erfahrung nach Ansagen wie »Darf ich dich heute mal anzicken?« oder »Achtung, montags bitte kein offenes Feuer in meiner Nähe! Da bin ich immer hochexplosiv!« auch eine sehr praktische Wirkung. Ich muss allein schon beim Aussprechen der Worte schmunzeln, und die schlechte Stimmung ist gleich viel weniger dominant.

Stopp, den Mist will ich nicht mehr!

Falls Sie einem Burnout vorbeugen oder ihn loswerden wollen und sich mehr Lebensqualität wünschen, emanzipieren Sie sich von sinnlosen, pessimistischen Gedanken. Wenn Sie sich beim Grübeln, Nörgeln oder Schimpfen erwischen, können Sie sich sagen: »Stopp! Den Mist will ich nicht mehr! Ich möchte mich lieber gut fühlen! Wie komme ich am schnellsten zu einem angenehmeren Gefühl? Wo ist der nächste positive Gedanke? Woran kann ich denken, was jetzt schon gut in meinem Leben ist? Wofür sollte ich dankbar sein?« Wenn Sie sich das nächste Mal dabei erwischen, wie Sie sich über etwas so richtig aufregen, probieren Sie einmal aus, was passiert, wenn Sie einen Moment innehalten. Treten Sie gedanklich einen Schritt zur Seite und überlegen Sie: »Will ich mich jetzt wirklich ärgern? Was genau habe ich gerade gedacht? Was ist eigentlich mein Ziel?« Versuchen Sie herauszufinden, an welcher Stelle Ihre negative Bewertung und vielleicht sogar Ihr innerer Kritiker das Ruder übernommen haben, und welche Geschichte Sie sich da erzählen. Geben Sie dann Ihren Schlussfolgerungen lieber eine gesündere Ausrichtung. Sie könnten zum Beispiel den Eindruck »Ich habe einfach immer nur Pech!« verändern hin zu »Das ist diesmal nicht so gut gelaufen, aber beim nächsten Mal klappt es dafür umso besser!«. Oder verwandeln Sie ein »Das macht die/der doch jetzt extra« in ein wesentlich bekömmlicheres und vielleicht sogar wahreres »Das hat sie/er nicht gewusst, sonst wäre es anders gelaufen.«. Überlegen Sie, was in jeder Situation für Ihre Seele und Ihre Gesundheit das Beste wäre – Ärgern ist es höchstwahrscheinlich nicht.

Der Chef in Ihrem Kopf

Auch wenn es sich manchmal anders anfühlen mag: Wir sind weder unseren Gedanken noch unseren Gefühlen hilflos ausgeliefert. Sie sind der Chef in Ihrem Kopf und bestimmen selbst, was Sie denken – niemand sonst!

Es heißt schließlich nicht: »Es denkt mich.« Selbst der Philosoph und König des Zweifels, René Descartes, war sich einer Sache ganz sicher: »Ich denke, also bin ich.«

Negative Gedanken sollten Sie nicht sich selbst überlassen, sondern gezielt hinterfragen, lenken und verändern. Das gelingt umso besser, je mehr Sie es üben. Sie können kontrollieren und entscheiden, was Sie denken. Nur eines können Sie definitiv nicht: Sie können nicht *nicht* denken. Das schafft vielleicht ein Yogi nach vielen Jahren intensivster Meditationspraxis. Im Kopf eines Durchschnittsmenschen ist Denken hingegen eher wie ein Fernseher im Dauerbetrieb, mit unabhängiger Stromversorgung, ohne Ein- und Ausschaltknopf. Angenommen, Sie befänden sich vor einem solchen Fernsehgerät, der eingeschaltete Kanal wäre nicht gerade nach Ihrem Geschmack und es gäbe kein Entkommen – was würden Sie tun? Brav bis zum bitteren Ende hinschauen und zuhören? Oder würden Sie umschalten? Das wäre zumindest die schlauere Lösung. Wenn Ihnen im aktuellen Programm nichts gefällt, nutzen Sie vielleicht sogar moderne Technik und suchen sich einen schönen Film aus.

Was ist Ihr Lieblingsfilm?

In welchen Lebenslagen sollten Sie das laufende Programm wechseln und in Ihrem Kopf andere Bilder wählen, um sich besser zu fühlen? Ein wichtiger Aspekt für innere Zufriedenheit ist, dass Sie die Vormundschaft für Ihre Gefühle wieder voll und ganz übernehmen. Mit etwas Übung wird es Ihnen gelingen, sich systematisch in eine gute Stimmung zu bringen, wann immer Sie das möchten. Zuständig dafür sind immer noch Sie – Sie allein und nicht Ihr Partner. Er hat sicherlich großen Einfluss, aber er trägt nicht die Verantwortung für Ihre Emotionen!

Für manche Menschen ist die Versuchung noch groß, jemand anderem die Schuld zuzuschieben, wenn sie sich schlecht fühlen. Im Zweifelsfall sind natürlich die Eltern schuld. »Ich bin halt so, und dafür kann ich nichts. Du musst mich so nehmen, wie ich bin.« Praktisch – damit ist man aus der Verantwortung und muss sich nicht verändern. Für den Liebespartner bedeutet es eine riesige Last, immer für Glück und Seelenfrieden des anderen zuständig zu sein. In manchen Partnerschaften manipuliert und kontrolliert einer den anderen mit Schuldgefühlen,

Liebesentzug oder anderen üblen Geschichten. Leichtigkeit, Lebensfreude und Liebe werden in diesem Klima eher nicht gedeihen.

Soap oder Kriegsbericht?

Sie können aber wählen, ob Ihre Gedanken einer schlechten Soap, einem Kriegsbericht, einem romantischen Film ähneln oder ein gutes Kabarett abgeben würden. Woran wollen Sie denken? Was würde Ihnen angenehme Gefühle bereiten? Worüber können Sie lachen? Was macht Sie glücklich? Woran erinnern Sie sich gerne? Das können Alltagssituationen sein oder Momente, die es nur einmal im Leben gibt – morgens mit einem guten Kaffee auf dem Balkon sitzen, eine besonders erotische Nacht, der wunderschöne Urlaub am Meer oder der Antrag unterm Sternenhimmel …

Wann immer ich ein gutes Gefühl wie auf Knopfdruck haben möchte, erinnere ich mich daran, wie ich vor einigen Jahren mit meiner Tochter auf einem großen Konzert war. Ich habe die Szene genau im Kopf: Wir stehen oben im Rang des Berliner Olympiastadions und schauen glücklich auf ein Meer von singenden Menschen, die alle im Rhythmus mit den Armen über ihren Köpfen wedeln. Meine Tochter tanzt begeistert zu meiner Linken und singt, genau wie ich, Zeile für Zeile mit. Ich fühle die Bässe in meinem Bauch und genieße diese unglaubliche Stimmung, die entsteht, wenn viele Menschen sich in der Begeisterung wie eins fühlen. Als die Instrumente verstummen, weil das Lied zu Ende ist, lässt sich die Menge nicht irritieren und singt noch minutenlang den Refrain. Der Sänger lacht fasziniert, und das Publikum singt euphorisch weiter. Das war für mich ein sehr intensiver Moment und ein wundervolles Erlebnis. Die Erinnerung habe ich in meinem Gedächtnis und das Lied auf meinem Handy gespeichert. Dies hilft mir in stressigen Situationen, leichter zu einer angenehmeren Stimmung zu wechseln.

Bla, bla, bla …

Ebenso hilfreich ist das bereits erwähnte Wechseln der Ausdrucksweise. Beobachten Sie kurz, in welcher Landessprache Ihre Gedanken Selbstgespräche führen, und dann setzen Sie einen Übersetzer ein, um die Unterhaltung zu stören. Die Perfektionisten unter Ihnen dürfen auch gerne eine ganz fiese Waffe benutzen: Halten Sie Ihre innere Kampfansage nur mit der Wiederholung einer einzigen Silbe an: »Bla.« Probieren Sie es aus. Es ist erstaunlich, wie differenziert und variationsreich man sich doch mit bla, bla, bla ... ausdrücken kann. Zudem macht es uns sehr schnell klar, was für einen Unsinn wir uns hin und wieder selbst erzählen.

Werte und Ziele im Alltag

»Geben Sie mir ein Projekt, ganz gleich wie kompliziert oder schwierig es ist, und egal wie aussichtlos andere es einschätzen. Damit kann ich arbeiten. Da weiß ich, dass ich das hinkriege, aber bei mir selbst und meiner Frau bin ich irgendwie ratlos.« Ich bewunderte die Überzeugung und das enorme Selbstbewusstsein, mit dem ein Klient mir das einmal sagte. Als Interimsmanager wurde er gebucht, wenn irgendwo auf der Welt ein Unternehmen Probleme zu lösen hatte. Sein Erfolgsgeheimnis lag in seiner Erfahrung und einer hohen Umsetzungskompetenz. Meine Burnout-Diagnose schockierte ihn, aber wirklich überraschen konnte ich ihn damit nicht. Seine körperlichen Probleme hatte er noch einige Zeit ignorieren können, aber jetzt waren sie offensichtlich. Als seine Frau ihm dann auch noch die Scheidungspistole auf die Brust setzte, war er endlich bereit, sich mit seiner Beziehungsinsolvenz auseinanderzusetzen. Nachdem seine Liebste ihm wiederholt gepredigt hatte, dass er sich noch totarbeiten würde und sie ihm dabei nicht zusehen wolle, hatte sie die Konsequenzen gezogen. Sie wohnte vorübergehend bei einer Freundin und wartete auf ein deutliches Zeichen von ihm. »Was soll ich jetzt bloß tun? Ich bin völlig verzweifelt. Nicht nur, dass mein Körper schmerzhaft streikt und mein Blutdruck viel zu hoch ist. Ich will doch meine Frau nicht verlieren!«, fragte er mich händeringend. »Wie machen Sie es denn im beruflichen Kontext, wenn Sie den Karren anderer Leute aus dem Dreck ziehen müssen? Woher nehmen Sie da die Gewissheit, dass Sie es schaffen?«, fragte ich ihn daraufhin. »Beruflich ist das ganz einfach, da habe ich eine sichere Strategie. Die klappt immer. Ich mache mir für alles einen Plan. Er ist das eigentliche Kernstück meiner Arbeit. Da nehme ich mir ganz altmodisch ein Blatt, schreibe oben das Ziel hin und mache dann einen exakten Plan. Ich überlege mir Schritt für Schritt, wie ich das Projekt angehe und mein Ziel erreiche. Mit allen Eventualitäten und sämtlichen Variationen von Komplikationen und was in solchen Fällen zu tun ist. Darin bin ich richtig gut. Meine Pläne funktionieren immer. Dafür bezahlen meine Kunden mir auch sehr viel Geld. Wenn es irgendwo einen GAU gibt, werde ich geholt, dann weiß der Kunde, dass er in Sicherheit ist!«, antwortete er stolz. »Na wunderbar, dann wissen Sie ja, was Sie als Nächstes zu tun haben. Hier ist Stift und Papier. Tun Sie einfach so, als ginge es um ein Projekt. Die zu rettenden Unternehmen heißen Gesundheit und Ehe. Wie würden Sie das Ziel näher beschreiben? Was käme ganz oben auf Ihr Blatt?« Er dachte einen Moment nach, dann antwortete er lächelnd: »Mit meiner Frau gesund und glücklich alt werden. An unserem silbernen Hochzeitstag im nächsten Jahr möchte ich sie noch einmal heiraten. Damals konnten wir uns keine große Feier leisten, und die Flitterwochen haben wir auf Balkonien verbracht. Da gibt es einiges nachzuholen«, erklärte er verträumt, während er anfing, zu schreiben. »Machen Sie es wie immer. Schreiben Sie alles auf und planen Sie jedes Teilziel genau. Überlegen Sie, was Sie im Einzelnen dafür tun oder lassen müssen und wie Sie es am besten umsetzen.« Freudestrahlend ging er aus meiner Praxis, denn er hatte wieder ein klares Ziel vor Augen. Zwei Monate später bekam ich ein unerwartetes Dankeschön per Ansichtskarte aus Sri Lanka. Auf die ayurvedische Küche hätte der Manager wohl gerne verzichten können, ebenso auf die »Yogaverrenkungen«, aber die Massagen seien wunderbar und die Wiederbelebung seiner Ehe ein ganz großes Geschenk.

Es gibt einiges nachzuholen

Nun, wie sieht es bei Ihnen aus? Haben Sie schon eine Vorstellung davon, was das Thema Ihres Projektes wäre und wie die Überschrift auf Ihrem Zettel lauten müsste? Gibt es etwas in Ihrem Leben, das dringend einer Revolution bedarf? Und was noch viel wichtiger ist: Wozu? Nur zwei Zustände können Menschen dazu bringen, sich nachhaltig zu verändern oder auszubrechen: Entweder ist es eine schmerzhafte Unzufriedenheit, kombiniert mit dem starken Begehren, dem ein Ende zu setzen; oder es handelt sich um ein wunderbares Ziel und die bedingungslose Bereitschaft, es anzugehen. Was stört Sie an Ihrer aktuellen Situation und in welche Richtung wollen Sie diese ändern?

Häufig brauchen Menschen einen Weckruf der unangenehmeren Art, bis sie endlich ins Handeln kommen. Selbst diejenigen, die andere führen und beraten, sind bei sich selbst oft erstaunlich betriebsblind und meinen, nicht wirklich frei in ihren Entscheidungen zu sein. Die meisten Menschen bewegen sich erst, wenn es schon richtig wehtut, weil sie viel zu gut darin sind, Unangenehmes auszuhalten. Ist das Kind dann aber in den Brunnen gefallen, ist man zu allen Schandtaten bereit. Jetzt ist es wichtig, diesen Schwung zu nutzen und sofort zur Tat zu schreiten, statt wochenlang alles zu analysieren oder vor sich herzuschieben. Die »Aufschieberitis« lässt den Berg nur unnötig groß erscheinen. Um es mit Mark Twain zu sagen: »Wenn du schon einen Frosch essen musst, dann tu es am besten gleich als Erstes am Tag. Und wenn du zwei Frösche essen musst, nimm den dicksten zuerst.«

Das »Ich-hab-keine-Zeit-Syndrom«

Falls Sie unter dem »Ich-hab-keine-Zeit-Syndrom« leiden, reicht es übrigens nicht, einfach nur möglichst viel aus Ihrem Terminplan zu streichen. Was Sie dabei voreilig über Bord werfen, kann sich schneller rächen, als Ihnen lieb ist.

Es ist nicht die fehlende Zeit, die Unzufriedenheit verursacht, sondern die Zeit, die Sie sich nicht gönnen.

- Was nehmen Sie sich immer wieder vor und tun es dann doch nicht?
- Welche Bereiche Ihres Lebens kommen regelmäßig zu kurz?
- Was lässt Sie mit neidvollem Blick auf andere schauen?

Wenn bestimmte Dinge, trotz allerbester Vorsätze, wiederholt ins Hintertreffen geraten, dann stehen sie nicht auf Ihrer verinnerlichten Prioritätenliste. Diese bestimmt, ob unsere Werte und Ziele mit unseren täglichen Aktionen in Einklang sind. Nur dann sind wir ausgeglichen und fühlen innere Zufriedenheit. Menschen im Burnout leiden unter einer enormen Diskrepanz zwischen Theorie und Praxis – Ihren Werten bzw. Zielen auf der einen Seite und der alltäglichen Realität auf der anderen.

Test: Prioritäten und Ziele ermitteln

Wenn Sie wissen wollen, was genau auf Ihrer eigenen Prioritätenliste steht und inwieweit diese Ihr Wohlbefinden unterstützt oder torpediert, nehmen Sie sich nun einen Moment Zeit und denken Sie über Ihre Grundwerte und Ideale nach:

- Was ist Ihnen in Ihrem Leben wirklich wichtig?
- Worauf könnten und wollten Sie niemals verzichten?
- Was brauchen Sie, um glücklich zu sein?

Wenn Sie möglichst viel über Ihr Innenleben erfahren wollen, dann nehmen Sie sich für diesen Test mindestens eine Stunde ungestörte Zeit. Überlegen Sie in aller Ruhe und sammeln Sie zunächst ungeordnet alles, was Ihnen dazu einfällt, auf einem Blatt oder Ihrem Bildschirm. Geben Sie bitte nicht auf, bevor Sie mindestens zehn »Dinge« zusammengetragen haben. Dies können ganze Sätze sein wie zum Beispiel »Ich habe einen Beruf, der Spaß macht« oder einzelne Worte wie zum Beispiel Liebe, Erfolg oder finanzielle Sicherheit. Nehmen Sie sich anschließend jedes einzelne Thema vor und überlegen Sie, wie der vertrauteste Gedanke lautet, der Ihnen dazu einfällt. Zum Thema Liebe wurde mir zum Beispiel in jungen Jahren eingeredet, dass meine Ideen und Vorstellungen dazu reine Fantasiegebilde wären und lediglich in Filmen oder Büchern zu finden seien. Zum Glück habe ich diesen Warnungen nie geglaubt. Hier sind noch ein paar klassische Gedankenverknüpfungen:

Grundwerte	Dazu verinnerlichte Gedanken
Wahre Liebe	So etwas gibt es nur im Film. Liebe macht blind.
Erfolg	Schuster, bleib bei deinen Leisten. Dafür muss man hart arbeiten.
Finanzielle Sicherheit	Geld verdirbt den Charakter. Es ist leichter, Geld zu verdienen als Geld zu behalten.
Ein Beruf, der Spaß macht	Davon kann man nicht leben. Das Leben ist kein Ponyhof.

- Was haben Ihnen wichtige Bezugspersonen hierzu mit auf den Weg gegeben?
- Welche entsprechenden Glaubenssätze haben Sie dadurch verinnerlicht?
- Was macht das jeweilige Thema für Sie aktuell besonders wichtig, erstrebenswert, angenehm oder kompliziert und schmerzhaft?

Ein, zwei markante Sätze zu jedem Begriff reichen und lassen Sie tiefer in die Programmierung Ihres Betriebssystems blicken. In einer klassischen Werte-Ziele-Übung ist es zwar nicht üblich, aber es hat sich bewährt, zu schauen, welche Überzeugungen hinter den jeweiligen Werten stecken. Nun kommen die eigentlichen Herausforderungen und damit auch das Herzstück der Übung: Bringen Sie Ihre zehn Werte in die richtige Reihenfolge.

- Was kommt in Ihrem Leben immer an erster Stelle?
- Wofür würden Sie alles stehen und liegen lassen?
- Worauf können Sie am ehesten verzichten?

An erster Stelle

Jetzt bitte ganz ehrlich sein und nicht mogeln! Es heißt nicht, was *sollte* an erster Stelle kommen, sondern was steht da wirklich? Bitte unbedingt alle Werte nacheinander einordnen und nicht nebeneinander. Es mag sein, dass sich einige »Dinge« gleich wichtig anfühlen, aber diese Übung funktioniert nur, wenn Sie sich bei jeder Position für eines entscheiden. Am eindeutigsten wird es, wenn Sie zwei potenzielle »Gegner« nebeneinanderstellen und diese dann gewichten. Tun Sie so, als dürften Sie sich unter allen Umständen nur für eins von beiden entscheiden. Deshalb ist es auch wichtig, diese Übung ungestört zu machen, damit Sie sich vor niemandem verantworten müssen, außer vor sich selbst. Der Begriff, der gewonnen hat, wird entsprechend höher eingeordnet. Der andere darf gegen den nächsten Konkurrenten antreten und so weiter, bis Sie eine fertig sortierte Liste haben. Wenn Sie diese Übung auf einem Blatt Papier machen und Ihre Begriffe beziehungsweise Sätze aufschreiben, können Sie auch mit einer Schere die einzelnen Bereiche voneinander trennen und auf Ihrem Tisch hin und her schieben, bis alles richtig passt. Manchmal taucht mitten im Prozess noch ein neuer, wichtiger Begriff auf. Nicht selten werden gerade die Dinge beim ersten Anlauf vergessen, die ohnehin schon im Mangel sind, wie z. B. Gesundheit, Ruhe, Zeit zur freien Verfügung oder auch Anerkennung. Es lohnt sich also diesbezüglich, noch einmal genauer nachzuschauen. Falls Sie nachträglich etwas ergänzen müssen, spricht dies dafür, dass dieser Bereich wahrscheinlich gerade viel zu kurz kommt in Ihrem Leben. Dann gilt die bereits erwähnte Bitte-nicht-mogeln-Regel, also nicht höher einstufen, als der Alltag hergibt! Wer z. B. seiner Beziehung eine ganz hohe Priorität einräumt, aber kaum Zeit mit dem Partner verbringt, weil er ständig Überstunden macht, der darf auch so ehrlich sein und die Zuverlässigkeit im Beruf deutlich höher ansiedeln als die Beziehung. Falls Sie wie ich die moderne Variante bevorzugen, können Sie natürlich auch auf einem Computer oder Tablet schieben, ergänzen, löschen und gewichten. Wenn Sie fertig sind, haben Sie ein Abbild Ihrer aktuellen internen Prioritäten-Liste vor sich liegen. Um zu ergründen, wo die meisten Spannungen liegen und warum Sie vielleicht noch nicht da angekommen sind, wo Sie gerne wären, gehen Sie nun einen Schritt weiter. Erstellen Sie auf die gleiche Art und Weise auch noch die Liste Ihrer Ziele:

- Welche sind Ihre Ziele?
- Was möchten Sie erreichen?
- Wofür sind Sie bereit, alles zu tun?

Wenn Sie auch mit dieser Liste fertig sind und alles sorgsam geordnet haben, können Sie im Anschluss beide Listen nebeneinanderlegen. Auf diese Weise sollte Ihr wichtigster Wert direkt neben Ihrem wichtigsten Ziel zu finden sein und Ihr unwichtigster Wert entsprechend neben dem unwichtigsten Ziel erscheinen.

- Was sticht heraus und fällt Ihnen spontan auf?
- Wo gibt es wohl Konfliktpotenzial?
- Welcher hoch gerankte Wert verhindert, dass Sie ein wichtiges Ziel erreichen können?

- Welche Bereiche erscheinen besonders harmonisch?
- An welcher Stelle stehen Ihre persönlichen Bedürfnisse?
- Auf welche Position haben Sie Ihren Partner gestellt?
- Falls Sie Kinder haben, welche »Machtposition« haben Sie Ihnen eingerichtet?
- Welche Problemfelder gibt es in Ihrem Leben und wie spiegeln sich diese in Ihren Listen?
- Wo dürfen Sie korrigierend eingreifen?
- Was sollte dauerhaft oder zumindest eine Zeit lang runtergestuft werden, damit die gewünschten Veränderungen in Ihrem Leben funktionieren können?
- Was darf mal ganz nach oben auf Ihre innere Agenda?

Wohlgemerkt, *innere* Agenda, das heißt, die hängen Sie nur dann an den Kühlschrank, wenn Sie allein leben. Falls Sie Kinder haben und diese nicht gerade im Säuglingsalter sind, ist diesen sinnvollerweise die erste Position auf Ihrer Prioritäten-Liste abzuerkennen. Sie erinnern sich? Erst die Eltern, dann die Kinder ... Ihre eigene Gesundheit sollte hingegen definitiv nicht auf den letzten Rängen zu finden sein. Wenn Spiel, Spaß und Sex auf Ihrer Liste in keiner Form zu finden sind, dürfen Sie wirklich noch einmal gründlich über Ihr Leben nachdenken.

Das Wichtigste übersehen

Diese Übung habe ich vor einigen Jahren sogar einmal in einem Bonner Restaurant gemacht. Ein guter Freund gestand mir damals beim Essen, wie schlecht es um seine Gesundheit stehe. Obwohl er ein humorvoller und sehr geselliger Mensch ist, machte er sich große Sorgen. Ein paar Monate zuvor hatte er wegen eines drohenden Burnouts seinen Arbeitsplatz gewechselt. Es hatte ihn erschrocken, wie wenig er in den letzten Wochen vor seiner Kündigung gelacht hatte, deshalb hatte er sich für die Zukunft mehr Lebensfreude verordnet. Nun konnte er sich aber nicht erklären, warum er derart zugenommen und seine körperliche Fitness so abgenommen hatte. Trotz seines wachen Verstandes sah er diesmal den Wald vor lauter Bäumen nicht. Seine Werteliste spiegelte meinen Verdacht erstaunlich drastisch. Auf den höchsten Rängen seiner Prioritäten thronten beruflicher Erfolg, finanzielle Sicherheit und Spaß, gefolgt von Liebe, Genuss, gutem Essen, Urlaub, Entspannung, Bildung und zu guter Letzt noch Sex. Nichts ahnend hatte er auch seine Ziele in eine dazu passende Reihenfolge gebracht. Als ich ihn fragte, ob ihm schon aufgefallen sei, dass weder Gesundheit noch Fitness, noch erfolgreich Abnehmen auf seinen Listen zu finden waren, schaute er mich verwundert an. »Siehst du einen Zusammenhang zwischen deinem Gesundheitszustand und deinen Prioritäten?« Erschrocken schlug er sich mit der Hand vor die Stirn. »Mein Gott, wie konnte ich das nur übersehen? Ich Depp, da brauche ich mich ja nicht zu wundern!« Ohne weitere Erklärungen nahm er ein leeres Blatt und erarbeitete flink zwei neue Listen, passend zu seinem neuen, größten Ziel, gesund und fit zu sein. Diesem Ziel ordnete er alles andere unter. Das hieß natürlich nicht, dass er fortan seinen Job an den Nagel hing und nur für den Sport das Haus verließ. Aber wenn er sich zwischen Überstunden und Zumba-Kurs entscheiden musste, gewann nicht länger die Arbeit. Seine Lebensfreude kam auch nicht zu kurz, sie wurde jetzt nur anders genährt, nämlich mit Tanzen und Rollerblades statt mit Schweinebraten und Sahnetorten.

Ranglisten sind flexibel

Prioritäten-Listen sind genauso wenig statisch wie unser Leben und sollten deshalb immer wieder hinterfragt und angepasst werden. Jedes Mal, wenn ich ein neues, wichtiges Ziel habe oder ein altes wider Erwarten nicht erreicht habe, knöpfe ich mir meine Liste vor. Vor ein paar Jahren ist es mir passiert, dass ich trotz mehrfachen Hin-und-Her-Schiebens den Sport einfach nicht unter meine Top 10 bekam. Das war zwar bitter, aber manchmal ist das Ergebnis der Übung die Einsicht, dass ich halt auch nur ein Mensch bin und nicht alles gleichzeitig schaffen kann. Das nahm mir den Druck und ließ mich die restlichen Ziele leichter erreichen, sodass mein Sport ein paar Monate später in der Rangliste wieder nach oben klettern konnte.

Anhand eines Beispiels aus meiner Praxis möchte ich Ihnen zeigen, wie eine solche Liste aussehen kann, wie man die Probleme in den Werte- und Zielelisten erkennt und wie eine mögliche Lösung aussieht.

Werte	Glaubenssätze
1. Kinder	Kinder sind das wichtigste im Leben und kommen immer an erster Stelle.
2. Sicherheit	Sicherheit geht vor.
3. Kernfamilie	Ich muss mich kümmern, das bin ich meiner Mutter schuldig.
4. Arbeit	Von nix kommt nix.
5. Partner	Männern sollte man nie trauen.
6. Liebe	Liebe ist vergänglich.
7. Freunde	Freundschaften muss man pflegen.
8. Gesundheit	Der Lack ist ab, damit muss man leben.
9. Garten	Der Garten ist meine Entspannung, da tanke ich Kraft.
10. Humor	Humor ist, wenn man trotzdem lacht.

Haben Sie schon eine Idee, wo das Problem hier wohl liegen könnte? Wenn Sie sich die dazu passende Zieleliste daneben anschauen, wird es noch klarer:

Werte	Ziele
1. Kinder	1. Ehe retten
2. Sicherheit	2. Mehr Nähe und Zärtlichkeit
3. Kernfamilie	3. Ein weiteres Kind
4. Arbeit	4. Gesundheit, weniger Rückenschmerzen
5. Partner	5. Berufliche Anerkennung
6. Freunde	6. Finanzielle Sicherheit
7. Liebe	7. Freunde öfter treffen
8. Gesundheit	8. Mit dem Rauchen aufhören
9. Garten	9. Urlaub auf den Malediven
10. Humor	10. Sportbootführerschein

Das Wichtigste ist oft zu selbstverständlich

Wahrscheinlich haben Sie schon geahnt, dass die Listen von einer Frau stammen. Ich nenne sie der Einfachheit halber Frau Müller. Die Geschichte ihrer Ehekrise und die Gründe für eine Paartherapie waren nicht ungewöhnlich. Sie litt unter den klassischen Burnout-Symptomen, empfand ihre Arbeit aber nicht als Belastung. Als Frau Müller ihrem Mann eröffnete, dass sie ein weiteres Kind haben wollte, teilte dieser ihr mit, dass sie dazu erst mal ihre eigenen Probleme lösen und die Beziehung verbessern müssten. Streitigkeiten waren bei den Müllers an der Tagesordnung, aber die Auseinandersetzung, die an jenem Tag folgte, endete mit übelsten Beschimpfungen und erschreckte beide zutiefst. Sie hatten für das Wohl der Familie und die Anschaffung des Eigenheims hart gearbeitet und sich selbst immer hintangestellt. Daher sah die Liste des Ehemanns auch nicht vielversprechender aus als die seiner Frau. Auch bei ihm kamen die Kinder an erster Stelle, dicht gefolgt von Beruf und Finanzen. Das Liebesleben der beiden war im Laufe der Jahre stark unter die Räder gekommen. Obwohl Herr Müller sehr darunter litt und seine Frau unbedingt ein weiteres Kind haben wollte, tauchte Sex auf keiner ihrer Listen auf. Wenn die Kinder an erster Stelle stehen und sowohl der Beruf als auch die Kernfamilie oder andere Dinge noch vor dem Partner und dem Liebesglück rangieren, gibt es ein Beziehungsproblem, das nicht selten zum Beziehungs-Burnout führt. Die Folgen können verhängnisvoll ausfallen, wie auch beim dem eingangs erwähnten Manager, obwohl dieser noch nicht einmal Kinder hatte. Aber auch bei ihm waren die wichtigsten »Dinge« zu selbstverständlich, um auf seiner inneren Prioritäten-Liste weit oben zu landen.

Schauen wir uns die Glaubenssätze und Ziele von Frau Müller etwas genauer an. Negative Überzeugungen zu Liebe, Partner und Beziehung waren auf dem Weg in den siebten Himmel nicht hilfreich und ließen tief liegendes Konfliktpotenzial vermuten. Den Ursprung dieser Überzeugungen brauchten wir nicht lange zu suchen. Frau Müller war allein mit einer schwer depressiven und von Männern enttäuschten Mutter aufgewachsen. »Das mit Abstand Beste an meiner Kindheit ist, dass sie vorbei ist!«, war Frau Müllers liebster Kommentar dazu. Es war an der Zeit, die übernommenen Glaubenssätze und Selbstlügen ihrer Mutter loszulassen. In der Therapie lernte sie, bessere Affirmationen für ihre Werte und Ziele zu entwickeln, um diese erfolgreich in ihrem Alltag zu etablieren.

Dazu war es wichtig, die uralten Glaubenssätze einmal gründlich zu hinterfragen. Lassen Sie mich das an folgendem Beispiel demonstrieren: »Der Lack ist ab, damit muss man leben.« Stimmt das wirklich? Es würde bedeuten, dass man ab einem gewissen Alter nichts mehr für seine Gesundheit und Fitness tun kann. Das entspricht aber nicht der Wahrheit. Eine solche Überzeugung taugt höchstens als willkommene Ausrede für den inneren Schweinehund. Mit zunehmendem Alter ist es besonders wichtig, für Bewegung und gute Ernährung zu sorgen. Viel gesünder und auch wahrer als der alte Glaubenssatz ist daher die Parole: »Der erste Lack ist ab, deshalb darf ich mich jetzt mehr pflegen.«

Frau Müller hatte von ihrer Mutter immer wieder zu hören bekommen: »Du musst dich um mich kümmern, das bist du mir schuldig!«

Diese Worte saßen tief, und so brauchte sie etwas Zeit, um sich klar darüber zu werden, dass ihre Mutter sie damit bewusst und erfolgreich manipuliert hatte. Trotzdem wollte sich Frau Müller auch in Zukunft um ihre Mutter kümmern. »Ich darf mich kümmern, aber ich bin meiner Mutter nichts schuldig.«

Es fühlte sich vollkommen anders an, aus freien Stücken helfen zu können und die Wahl zu haben, statt dazu verurteilt zu sein.

Grundwerte	Alte Glaubenssätze und neue, sinnvollere Gedanken
Gesundheit	Der Lack ist ab, damit muss man leben. Der erste Lack ist ab, deshalb darf ich mich jetzt mehr pflegen.
Kernfamilie	Ich muss mich kümmern, das bin ich meiner Mutter schuldig. Ich darf mich kümmern, aber ich bin meinen Eltern nichts schuldig.
Partner	Männern sollte man nie trauen. Mein Mann ist das Beste, was mir im Leben passiert ist.
Kinder	Kinder sind das Wichtigste im Leben und kommen immer an erster Stelle. Meine Kinder sind immer in meinem Herzen.
Liebe	Liebe ist vergänglich. Liebe ist ein wundervolles Geschenk.

Werte und Glaubenssätze

Übrigens taucht der Wunsch nach einem weiteren Kind oft genau dann auf, wenn es eine wacklige Ehe zu stabilisieren gilt. Das ist allerdings keine gute Idee, da ein Baby die Beziehung stark belastet und die Eltern anfangs eher voneinander entfernt. Manchmal ist der Kinderwunsch sogar ein unbewusster Lösungsversuch beziehungsweise der willkommene Ausstieg aus einer frustrierenden Arbeitssituation.

Dies stand bei den Müllers aber nicht im Vordergrund, denn beide wollten schon immer drei Kinder haben. Inzwischen sind sie glücklich zu fünft. Grundlage der vielen kleinen und großen Veränderungen, die sie für ihr neues Familienglück vornahmen, ist die folgende, überarbeitete Liste. Sie hängt, nur für die beiden einsehbar, am Spiegel im Elternbad. An den Formulierungen haben beide lange gefeilt, viel diskutiert, einiges ausgetauscht und oft verschoben, bis sie sich auf diese gemeinsame Variante einigen konnten:

Werte	Glaubenssätze
1. Gesundheit	Der erste Lack ist ab, deshalb darf ich mich jetzt mehr pflegen.
2. Liebe	Liebe ist ein wundervolles Geschenk.
3. Sicherheit	Sicherheit geht vor.
4. Partner	Du bist das Beste, was mir im Leben passiert ist.
5. Kinder	Meine Kinder sind immer in meinem Herzen.
6. Arbeit	Von nix kommt nix.
7. Sex	Die schönste Nebensache der Welt.
8. Kernfamilie	Ich darf mich kümmern, aber ich bin meinen Eltern nichts schuldig.
9. Freunde	Freundschaft darf man pflegen.
10. Garten	Der Garten dient der Entspannung.

Eine gemeinsame Werte-Liste

Es ist schön, als Paar eine gemeinsame Werte-Liste zu haben, und es ist nicht glücksentscheidend. Und es gibt einen guten Grund, warum diese Übung im Abschnitt »Erst das ICH« auftaucht. Machen Sie Ihre erste Liste bitte auf jeden Fall zuerst allein bzw. ohne Ihren Partner, um sich nicht beeinflussen zu lassen! Bei der Identifizierung von Problemzonen und der Suche nach Lösungen ist das eigene Bauchgefühl recht verlässlich. Natürlich kann man sich dabei aber auch von einem Coach oder Freund helfen lassen. Bei den Zielen gilt das Gleiche – eine gemeinsame Liste wäre schön und kommt immer erst nach der eigenen Zielliste dran. Die Ziellisten, die Frau und Herr Müller während ihrer Paartherapie entwickelten, waren darauf ausgerichtet, die Ehe zu retten und ihrer beider Bedürfnis nach Sicherheit zu befriedigen. Sie enthielten viele Gemeinsamkeiten und sahen so aus:

Frau Müller	Herr Müller
1. Mehr Qualitätszeit zu zweit	1. Mehr Qualitätszeit zu zweit
2. Mindestens ein erotischer Abend alle zwei Wochen	2. Mindestens ein erotischer Abend alle zwei Wochen
3. Finanzielle Sicherheit	3. Finanzielle Sicherheit
4. Rauchen aufhören	4. Mehr Fahrrad fahren
5. Arbeitszeit reduzieren	5. Beförderung
6. Urlaub ohne Kinder	6. Urlaub ohne Kinder
7. Freunde öfter treffen	7. Freunde öfter treffen
8. Urlaub auf den Malediven	8. Urlaub auf den Malediven
9. Ein weiteres Kind	9. Ein weiteres Kind
10. Sportbootführerschein	10. Sportbootführerschein

Begrabene Träume

Gemeinsam in die gleiche Richtung zu schauen und neben den eigenen auch gemeinsame Ziele zu verfolgen, stärkt und beflügelt die Beziehung. Für mich persönlich heißt das, sich immer wieder gegenseitig die »Räuberleiter« zu geben. Mal geht mein Mann vor, und ich helfe ihm, eine Mauer zu erklimmen, mal gehe ich vor, und er unterstützt mich dabei, ein lästiges Hindernis zu überwinden. Unsere gemeinsam festgelegten Ziele weisen uns dabei den Weg, lassen aber auch genügend Spielraum für unsere ganz persönlichen Ziele. Denn es zahlt sich niemals aus, die eigenen Träume aufzugeben! Wenn Sie sich wie ein Chamäleon ständig anpassen, Ihre Eigenheiten aufgeben und Ihre Ziele verraten, werden Sie das früher oder später bereuen. Aus den begrabenen Träumen entwickeln sich irgendwann schwelende Konflikte und hartnäckige Streitereien. Gerade in der Lebensmitte stellen sich viele Burnout-Kandidaten dann die berühmt-berüchtigte Sinnfrage: »Wozu das alles? Soll es das jetzt schon gewesen sein? Und nun?« Wenn Ihnen der Sinn Ihres Lebens abhandengekommen ist und Sie das Gefühl haben, zu viel verpasst zu haben, streiten Sie sich vielleicht schon allein deshalb mit Ihrem Partner, weil Sie sich angewöhnt haben, anderen die Verantwortung zu geben. Unzufriedenheit aus dem unbestimmten Gefühl heraus, im eigenen Leben irgendwie gefehlt zu haben, untergräbt die Leichtigkeit einer Partnerschaft. Wenn Sie glücklich werden wollen, kümmern Sie sich wieder mehr um das eigene (Er-)Leben:

- Haben Sie geeignete Aufgaben? Sind Sie noch an der richtigen (Arbeits-)Stelle oder sollten Sie besser etwas anderes, Erfüllenderes machen?
- Wann haben Sie zuletzt auf etwas hingearbeitet oder hingefiebert?
- Was möchten Sie vor dem Lebensende erreichen?
- Was haben Sie noch vor?
- Wann haben Sie sich das letzte Mal einen Traum erfüllt?
- Wann legen Sie los?

Sobald Sie sich selbst auf all diese Fragen eine ehrliche Antwort gegeben haben und die Weichen dafür gestellt sind, dass Ihr ICH wieder genügend Beachtung findet, wird es Zeit, Ihnen zu gratulieren: Sie haben es geschafft! Denn dieser Teil des Buches war der Anstrengendste, denn aufrichtig und liebevoll zu sich selbst zu sein, kann manchmal zu einer großen Herausforderung werden. Wenn Sie alle bisherigen Erkenntnisse maximal gut für sich nutzen wollen und sich eine schnelle Veränderung wünschen, empfiehlt es sich, dazu ein Tagebuch zu führen. Aber nicht auf die herkömmliche Art, sondern ein spezielles Drei-Punkte-Tagebuch. Nehmen Sie sich dafür jeden Abend fünf Minuten Zeit.

Das Drei-Punkte-Tagebuch

Punkt 1: Das habe ich heute gut gemacht.
Listen Sie hier bitte immer mindestens drei Dinge auf. Diese müssen auch nicht von der Kategorie »Ich habe die Welt gerettet« sein, um auf die Liste zu kommen. Hier dürfen auch die scheinbar kleinen Geschichten des Alltags rein. Wenn Sie zum Beispiel einem fremden Menschen ein nettes Kompliment gemacht haben, einem deprimierten Menschen ein Lächeln abringen konnten oder NEIN gesagt haben, in einer Situation, in der Sie früher garantiert JA gesagt hätten.

Punkt 2: Das hätte ich heute anders machen können, damit es mir in Zukunft noch besser geht.
Hier können kleine und große Verbesserungsideen aufgeschrieben werden. Und an perfekten Tagen bleibt diese Rubrik leer (!).

Punkt 3: Darauf freue ich mich schon!
Hier dürfen alle kleinen und großen Vorfreuden hinsichtlich der nächsten Tage aufgeführt werden. Wenn Ihnen mal gar nichts anderes einfällt, darf hier auch so etwas wie die morgendliche Tasse Kaffee oder der Schokoriegel in der Pause hin.

Wenn Sie dieses Tagebuch achtsam jeden Tag führen, werden Sie schon nach einer Woche deutliche Veränderungen spüren. Damit das verbesserte Lebensgefühl dauerhaft bleibt, ist es wichtig, dabeizubleiben und sich nicht auf den Lorbeeren auszuruhen. Was Sie für Ihre gemeinsame Lebensqualität tun können, wie Sie Ihren Partner besser verstehen und liebevoller kommunizieren können, darum geht es im folgenden Kapitel. »Dann das DU« heißt es jetzt. Damit Sie gute Lösungen für Ihre Probleme finden können und anschließend offen und empfänglich für die LIEBE sind.

Dann das DU
Jeder braucht was anderes

Glauben Sie nicht alles, was Sie denken

Wie gut kennen Sie Ihren Partner eigentlich? Und wie gut verstehen Sie ihn? Die Antwort auf diese Frage ist nicht zwangsweise davon abhängig, wie lange Sie sich kennen. Wohl aber davon, ob Sie derzeit eine Krise haben oder glücklich sind. Wer mitten in einem Beziehungs-Burnout gefangen ist, wird den Eindruck haben, dass er den Partner lange nicht so gut kennt wie angenommen und ihn auch nicht mehr wirklich versteht. Warum das so ist, werde ich im Folgenden näher erklären.

Eine PR-Aktion Ihres Gehirns

Schätzen Sie einmal: Wie viel von allem, was Ihren Partner ausmacht, nehmen Sie bewusst wahr? Damit meine ich wirklich alles, also sowohl sein Äußeres als auch seine inneren Eigenschaften und Werte.

Die meisten Leute antworten auf diese Frage: »Vom Äußeren fast alles, vom Inneren etwas weniger – macht zusammen ungefähr zwei Drittel.« Manche schätzen auch etwas vorsichtiger und kommen insgesamt auf »die Hälfte«. Selbst die vorsichtigen Schätzungen liegen immer noch weit daneben. Die bewusste Wahrnehmung beruht lediglich auf einem lächerlich kleinen Anteil aller aufgenommenen Eindrücke. Die Forschungsergebnisse zum Thema Wahrnehmung variieren. Selbst wenn man die optimistischsten Werte zugrunde legt, ziehen mindestens 99,9 Prozent aller Eindrücke unbemerkt an uns vorbei. Der Physiologe Dietrich Trincker inspirierte zu der unglaublichen Faustregel: In den Kopf gelangen eine Million Mal mehr Informationen, als das Bewusstsein erfasst.[18]

Immense Mengen an aufgenommenen Daten werden den ganzen Tag verarbeitet und wieder aussortiert. Selbst bei vollem Bewusstsein nehmen wir nur einen winzig kleinen Teil davon überhaupt zur Kenntnis. Eigentlich haben wir keine Ahnung von dem, was um uns herum passiert. Der Hirnforscher Allan Snyder behauptete in der SWR-Filmdokumentation »Das automatische Gehirn« sogar: »Bewusstsein ist nur eine PR-Aktion Ihres Gehirns, damit Sie denken, Sie hätten auch noch was zu sagen.«[19] Ebenso ernüchternd vergleicht ein anderer Hirnforscher, Gerhard Roth, das bewusste »Ich« mit einer Art Regierungssprecher, der Entscheidungen interpretieren und legitimieren muss, deren Hintergründe er nicht kennt und an deren Zustandekommen er noch nicht einmal beteiligt war.[20]

Unser Bewusstsein schafft es dennoch, uns vorzugaukeln, dass wir Herr aller Dinge sind. Es lässt die eingeschränkte Informationsverarbeitung nicht durchschauen. Was zu unserem Verstand vordringt, ist durch mehrere Auswahlverfahren schon derart zusammengestrichen worden, dass wir uns von Rechts wegen gar kein Urteil erlauben dürften. Unser Bild der Wirklichkeit entsteht aus der Verarbeitung und Interpretation von Eindrücken, die nicht vollständig sind, selbst wenn es sich so anfühlt.

Erfahrungen und Wissen prägen die Wahrnehmung

Was genau das schmale Tor des Bewusstseins passieren darf und was nicht, hängt in erster Linie von den Gewohnheiten ab. Webdesigner erkennen sofort eine amateurhaft gestaltete Webseite. Eine Paartherapeutin merkt auf Anhieb, wenn die Chemie zwischen zwei Menschen nicht stimmt. Ein Patient mit Bandscheibenvorfall sieht schnell, wenn jemand anderes eine schlechte Haltung hat, und wer einen Burnout durchgemacht hat, wittert bei anderen schon frühzeitig Gefahren und erste Anzeichen. Je nachdem, worin Ihre Stärken und Erfahrungen sich zeigen, werden Sie Qualität, Fehler und Nachlässigkeiten schnell aufspüren.

Das ist übrigens der Grund, warum Frauen – als Kommunikations- und Beziehungsprofis – früher als die meisten Männer wahrnehmen, wenn in der Beziehung etwas nicht stimmt.

Nutzung prägt die Struktur

Unser Oberstübchen ist wesentlich flexibler, als man lange Zeit annahm. Die sogenannte Neuroplastizität bewirkt, dass unsere grauen Zellen ständig umgebaut und angepasst werden. Je nach Nutzungsgewohnheiten werden in unserem Gehirn aus Trampelpfaden ganze Autobahnen. Die Nutzung prägt die Struktur. So wie die Muskeln unseres Körpers je nach Beanspruchung stark ausgeprägt oder kaum vorhanden sind, reagiert auch unser Gehirn auf vermehrte Beanspruchung oder selektive Ignoranz. So ist z. B. im Gehirn eines Taxifahrers der Hippocampus vergrößert, weil in dieser Hirnregion das navigierende Gedächtnis sitzt. Bei glücklichen Mönchen, die viel meditieren, ist hingegen der linke Frontallappen stärker ausgeprägt. Dieser Hirnbereich ist unter anderem für die positiven Gefühle zuständig.

Das Gehirn passt seine Struktur ständig der gewohnten Nutzung an und versucht dabei, so viel wie möglich zu automatisieren. Wenn wir eine Tätigkeit mehrfach ausführen, wird das Gehirn entsprechend neu kalibriert und baut eine Routine daraus. Unterschieden wird nicht zwischen hilfreich und schädlich, sondern nur nach Häufigkeit. Wenn Sie zum Beispiel über ein bestimmtes Thema öfter grübeln, sagt Ihr Gehirn: »Das funktioniert effektiver mit einem Autopiloten.« Dann startet das Grübelprogramm selbstständig wie ein Bildschirmschoner, wann immer die Zentrale nichts Sinnvolleres zu tun hat. So kommen manche aus ihrem Gedankenkarussell nicht mehr heraus, liegen nachts wach und sind morgens wie gerädert.

Sind Sie auch schon einmal morgens mit dem berüchtigten linken Fuß aufgestanden, der gesamte Tag war mies und alles ging schief? Vielleicht haben Sie abends gesagt: »Ich hatte einfach nur einen schlechten

Tag.« Aber ganz so einfach, so zufällig, wie es scheint, war das gar nicht. Wir kalibrieren nämlich das Filtersystem unseres Gehirns jeden Tag aufs Neue. Wer morgens mit schlechter Laune aufsteht, dessen Wahrnehmung ist automatisch auf negative Reize ausgerichtet. Die Haare liegen nicht und der Kaffee ist wie immer, aber irgendwie schmeckt er nicht so richtig. Regen wird als besondere Belastung empfunden, und falls die Sonne scheint, ist es eine Zumutung, bei so schönem Wetter arbeiten zu müssen. Ihr Kind, das freudestrahlend ein selbst gemaltes Bild präsentiert, bekommt Ärger wegen der Farbe im Gesicht. Und wenn der Partner ausnahmsweise den Einkauf erledigt hat, wird er wenig Lob ernten können, denn an solchen Tagen wird nur die vergessene Milch wahrgenommen und auch sofort moniert.

Das Appell-Ohr

Menschen mit schwachem Selbstbewusstsein sind besonders empfänglich für negative Meldungen aus ihrer Umwelt. Sie neigen dazu, sich alles zu Herzen zu nehmen und sich jeden Schuh anzuziehen. Ist das Filtersystem auf Fehleralarm kalibriert, wird alles, was andere sagen, als Angriff oder Aufforderung interpretiert. Ein harmloser Satz kann zum Zankapfel werden, weil jemand sich angegriffen fühlt und schärfer als nötig darauf reagiert. Selbst eine sachlich geäußerte Feststellung wie »Wir haben kein Wasser mehr« wird als Vorwurf aufgefasst und mit einem patzigen »Da kann ich doch nichts dafür« gekontert. So kann in Windeseile ein Streit aus dem Nichts entstehen. In der Kommunikation nennt man das das »Appell-Ohr«.[21] Loriot war ein Meister darin, dieses Phänomen humorvoll zu überspitzen. Eine seiner berühmten Szenen beginnt mit »Das Ei ist hart« und endet mit »Morgen bringe ich sie um«.

Einstellungen, Erwartungen und Glaubenssätze

Die Erwartung, dass gleich wieder eine Kritik kommt, ist natürlich weder schön noch günstig für den Beziehungsalltag. Erwartungen und Vorurteile beeinflussen unsere Wahrnehmung in vielen Bereichen. Wenn Sie z. B. der Überzeugung sind, dass Sportwagen-Fahrer grundsätzlich aggressiv fahren, dann werden Sie auch nur die aggressiven Vertreter dieser Gattung wahrnehmen. Gleichzeitig blendet eine so automatisierte Wahrnehmung die Mehrheit aller Sportwagen-Besitzer aus, die sich vorbildlich im Straßenverkehr verhalten. Denn Ihr Gehirn ist ja stets bemüht, Beweise für das zu finden, wovon Sie überzeugt sind. Wenn Sie auf einem großen Spielplatz nach Ihrem Kind suchen und davon ausgehen, dass es eine blaue Mütze trägt, werden Sie es nicht oder erst verspätet wahrnehmen, wenn es die Mütze verloren hat. Wenn eine Frau als Kind mit dem Glaubenssatz »Männern sollte man nie trauen« indoktriniert wurde, wird sie mit zerstörerischem Argwohn ihren Partner beobachten, bewerten und die kleinste Notlüge sofort entlarven.

Bei Paaren, deren Miteinander schwierig ist, stehen die unbewussten Wahrnehmungsfilter auf »Probleme finden«. Wer sich nicht wertgeschätzt fühlt, wird die 0,1 Prozent bewusster Wahrnehmung nicht für die kleinen Zuneigungsbeweise seines Partners aufwenden. Denn die 99,9 Prozent der unbewussten Wahrnehmung suchen ja schon vorher automatisiert jedes noch so kleine Fehlverhalten seines Gegenübers. Der liebevolle Blick bei der Begrüßung wird dann kaum registriert, sehr wohl aber der angespannte Unterton beim Abschied. Das geputzte Bad wird ignoriert, aber die falsch abgestellten Schuhe werden beanstandet. Je unangenehmer die Lage ist und je länger sie schon andauert, desto mehr werden die inneren Filtersysteme auf schlechte Nachrichten spezialisiert.

Wenn die Emotionen hochgepeitscht sind, können wir schnell unseren Ärger für ein Ergebnis unseres Verstandes halten. Er ist aber eher der Wolf im Schafspelz. »Sie dürfen nicht alles glauben, was Sie denken«, mahnte deshalb schon der Komiker Heinz Erhardt. Glauben Sie nicht alles, was Sie denken, und vertrauen Sie nicht allein auf das, was Sie sehen und hören, denn es handelt sich nur um eine sehr kleine, sehr subjektive Auswahl eines Gehirns, das womöglich »ungünstig« automatisiert wurde.

Vorgefertigte Meinungen

Schnell werden in einer Beziehung vorgefertigte Meinungen zu sich selbst erfüllenden Prophezeiungen. Wenn wir von etwas überzeugt sind, hören und sehen wir durch unsere voreingestellten Filtersysteme nur noch das, was zu unserer Überzeugung passt, und blenden alles andere aus. Sie glauben gar nicht, wie sehr manche Menschen aneinander vorbeileben können, ohne zu ahnen, dass sie das Gleiche brauchen und wollen. Ein extremes Beispiel für einseitige Wahrnehmung und Fehlinterpretation habe ich vor einigen Jahren mit einem älteren Paar in meiner Praxis erlebt. Ihr Alltag war von Kleinkriegen geprägt, und als ich in der ersten Stunde fragte, was sie aneinander schätzten, fiel dem schüchternen und unvorbereiteten Mann nichts ein; dies enttäuschte seine Frau verständlicherweise sehr. Drei Sitzungen später stellte ich ihm die gleiche Frage erneut, und er fragte diesmal, ob er seinen Spickzettel nutzen dürfe. »Natürlich«, war meine Antwort. Seine Frau und ich staunten nicht schlecht, als er eine maschinenbeschriebene DIN-A4-Seite entfaltete. Die kleine Schrift bedeckte das gesamte Blatt, und so dauerte es einige Zeit, bis er seine wundervolle Liebeserklärung vorgetragen hatte. Seine Frau lauschte gerührt seinen Worten und eine Träne nach der anderen kullerte über ihre Wangen. Ich bezweifelte, dass der Mann das Glück seiner Frau im vollen Umfang sehen konnte. Meinem Verdacht folgend, fragte ich ihn, was seine Frau wohl gerade fühlt. Er war so unsicher und pessimistisch, dass er es nicht schaffte, ihre Freude und Liebe wahrzunehmen: »Ich sehe, dass sie weint. Ich habe sie zutiefst verletzt. Jetzt will sie sich sicherlich trennen.« – »Stimmt das?«, fragte ich seine Frau. »Nein! Das ist die schönste Liebeserklärung, die ich je gehört habe! Vielen Dank«, sagte sie und küsste ihn, woraufhin ich das Zimmer verließ, um dem Paar die Möglichkeit zu lassen, sich unter vier Augen austauschen zu können. Es dauerte einige Zeit, bis sie mich zurückholten. Meine Praxis verließen sie Hand in Hand.

Ich bin nicht du

Machen Sie sich im Umgang mit Ihrem Partner hin und wieder bewusst, dass Sie beide immer nur einen ganz kleinen Teil voneinander wahrnehmen können. Sie können nicht mit Sicherheit wissen, was der andere denkt oder fühlt, ohne ihn zu fragen. Erst wenn wir ganz offen und unvoreingenommen aufeinander zugehen, haben wir die Chance, einander wirklich zu verstehen.

Menschen, die ineinander verliebt sind, synchronisieren ihre Wahrnehmung unterbewusst. Deshalb sind sie häufig auf dasselbe fokussiert und verstehen sich scheinbar blind und ohne viele Worte. Das Miteinanderreden gestaltet sich auf diese Weise einfach und ohne viele Missverständnisse. Wenn Sie die Kommunikation mit Ihrem Partner verbessern wollen, dürfen Sie dafür sorgen, dass Ihre Wahrnehmungsfilter aufeinander abgestimmt und synchronisiert sind. Dies erreichen Sie durch emotionale oder körperliche Nähe, Küsse, schöne Augenblicke und intensive Gespräche.

Zuhören will gelernt sein

Eine Liebesbeziehung hat ohne lebendige und intensive Zwiegespräche keine befriedigende Überlebenschance. Ohne den Gedankenaustausch vegetiert sie dahin und vertrocknet wie eine Blume ohne Wasser. »Wir können nicht miteinander reden«, beklagen viele Menschen, die eine Paartherapie aufnehmen. Dass in Beziehungen zu wenig geredet wird, ist aber nur die halbe Wahrheit. Hitzige Debatten und engagierter Streit zeigen, dass die Partner einander nicht gleichgültig sind. Hier läuft eher die Art und Weise der Kommunikation schief. Wenn mir Klienten berichten, dass sie Kommunikationsprobleme haben, heißt das fast immer: Nicht das Reden ist die größte Schwierigkeit, sondern das Zuhören. Ob die Partner sich aufeinander einlassen können, ist von großer Bedeutung für die Beziehung.

In der Kommunikation ist es nicht entscheidend, ob wir überzeugt werden konnten, sondern ob wir uns verstanden und angenommen fühlen.

»Wir können nicht miteinander reden«, ist oft nur ein Synonym für: »Das, was mein Partner sagt, will ich nicht hören, und was ich sage, will er nicht hören.«

Der Wunsch, sich Gehör zu verschaffen

In Partnerschaften, in denen häufig gestritten wird, haben beide den unerfüllten Wunsch, sich mit ihren Ansichten und Bedürfnissen Gehör zu verschaffen. Den eigenen Standpunkt zu verdeutlichen ist ein starker Reflex, aber längst nicht die einzige Voraussetzung dafür, verstanden zu werden. Mindestens genauso wichtig ist, dass jemand aufrichtig und interessiert zuhört. Wenn zwei in dem Bedürfnis aufeinander einreden, endlich verstanden zu werden, fehlt nämlich jemand, der zuhört und versteht. Machen Sie den Anfang und widmen Sie sich dem anderen, um aufzunehmen, zu verarbeiten und nachzuvollziehen. Fassen Sie danach mit eigenen Worten nochmal zusammen, was Sie glauben, verstanden zu haben, und gestatten Sie Ihrem Gegenüber, wenn nötig, hierzu noch einige Ergänzungen oder Richtigstellungen loszuwerden. Geben Sie erst im Anschluss daran Ihre eigenen Ansichten zum Besten. Das ist die effektivste Strategie, um beim Partner auch wirklich auf offene Ohren zu stoßen und ebenfalls verstanden zu werden.

Zuhören bedeutet weitaus mehr als dem anderen zu erlauben, zu Ende zu sprechen, ohne gleich unterbrochen zu werden. Die meisten scharren bei den Ausführungen des anderen innerlich ungeduldig mit den Hufen, nicken zwar, aber hören nur mit halbem Ohr zu. Während der eine sein Plädoyer noch nicht beendet hat, formuliert der andere schon die geschliffenen Gegenargumente. Bei der kleinsten Lücke im Vortrag des anderen grätscht er dazwischen, beruft sich selten auf das zuvor (nicht) Gehörte, sondern untermauert die eigene Position. Wer es hingegen schafft, ganz Ohr zu sein, sendet nonverbal die heilende Botschaft: »Ich höre dir zu, weil mir das, was du mir sagen willst, wichtig ist.« Eine bessere Botschaft kann es in einer Partnerschaft kaum geben! Haben wir den Eindruck, dass der andere sich für uns interessiert und aufmerksam zuhört, fühlen wir uns angenommen. Werden wir angespornt, mit der Geschichte fortzufahren, schließen wir das aufmerksame Gegenüber innig ins Herz. Nicht zufällig verlieben sich Patienten in ihren Analytiker – endlich jemand, der zuhört und Verständnis zeigt. Und manche Büroaffäre beginnt mit einem harmlosen, aber interessierten Gespräch in der Mittagspause.

Im Englischen gibt es eine interessante Formulierung: »I hear you.« Verwendet wird sie, wenn man signalisieren will, dass man im Gespräch das Gehörte verstanden hat und sich dazu in Bezug setzt – also eine mitfühlende Bestätigung, dass man das Gesagte nicht nur akustisch, sondern auch emotional aufgenommen hat. Interessant ist das deshalb, weil diese Bestätigung das Hören in den Vordergrund stellt. Kluge Ratschläge wie eigene Erkenntnisse sollten Sie zunächst herunterschlucken. Wenigstens für fünf Minuten. Damit steigern Sie nicht nur die Neugier Ihres Gegenübers auf Ihre eigenen Ansichten, sondern erweisen ihm einen größeren Liebesdienst, als Sie vielleicht denken.

Vom Diskutieren über Gefühle

Hören Sie genau hin, vor allem bei dem, was Ihr Gegenüber direkt oder indirekt über sich und seine Gefühle sagt. Nehmen Sie ernst, was er sagt – auch wenn Sie anderer Meinung sind oder seine Gefühlsanwandlungen nicht nachvollziehen können. Über zwei Dinge sollte man meiner Erfahrung nach besser nicht diskutieren: Geschmack und Gefühle. Wenn Ihnen ein Gericht nicht zusagt und Sie den Geschmack widerlich finden, wird Sie niemand vom Gegenteil überzeugen können. Mein Mann hasst frischen Koriander, ich finde ihn köstlich. Seinen Ekel vor Koriander kann ich nicht nachvollziehen, aber wenn er mir sagt, dass ihm davon schlecht wird, kann ich mir das Gefühl vorstellen.

Wenn mir jemand sagt, dass etwas sehr verletzend war, kann ich den Anlass vielleicht nicht unbedingt nachvollziehen, aber ich weiß, wie es ist, wenn es wehtut. Mein Verständnis und meine Empathie sind zunächst alles, was mein Gegenüber benötigt. Deshalb muss ich die Dinge noch lange nicht gutheißen oder genauso empfinden. In einer Liebesbeziehung ist es wichtig, sich angenommen und verstanden zu fühlen. »Stell dich nicht so an, so schlimm war das doch nicht«, ist hingegen kontraproduktiv.

Empathie statt Sympathie

Sie wundern sich vielleicht, wenn jemand, der sich mit einem Problem an einen vertrauten Menschen wendet, nicht sofort eine konkrete, schnell umsetzbare Hilfestellung wünscht. Auch wenn es für viele schwer vorstellbar erscheint: Ihr Partner will sich Ihnen zunächst nur anvertrauen, um gehört zu werden – sonst nichts. Er benötigt zunächst weniger Ihre Sympathie als vielmehr Ihre Empathie! Es gilt herauszuhören, was der Partner akut benötigt: handfeste Lösungsvorschläge oder wohlwollende Aufmerksamkeit? Geben Sie Ihrem Partner im ersten Gespräch keine Ratschläge, es sei denn, Sie werden ausdrücklich darum gebeten. Paradoxerweise fühlt sich Ihr Gegenüber ansonsten alleingelassen oder gekränkt. Warten Sie die nächste entspannte Gelegenheit ab, um das Thema pragmatisch aufzunehmen. Menschen neigen dazu – in allerbester Absicht –, ungefragt eine Lösung anzubieten. Auf die Aussage »Mir geht es …« entgegnen sie Dinge wie: »Dann könntest du …!« »Mach doch einfach mal ...!« »Ich würd es an deiner Stelle probieren …!«

Wir finden es oft nicht leicht, ein Gespräch geschehen zu lassen, ohne reflexhaft Ratschläge zu erteilen. Das mag an unserer Leistungsgesellschaft liegen, in der wir trainiert werden, Probleme zu identifizieren und effiziente Lösungen zu finden. In vielen Lebensbereichen ist das sinnvoll, doch in einem Paargespräch kann es dazu führen, dass der erzählende Partner das Gefühl hat, nicht wirklich gehört zu werden. Denn der ratgebende Partner wendet seine Aufmerksamkeit scheinbar vom Gegenüber ab und auf sich selbst. Hinter dem Verhalten des Zuhörenden verbirgt sich das Bedürfnis, Initiative zu ergreifen und das Problem – nichts einfacher als das! – zu lösen.

Ratschläge sind auch Schläge

Vielleicht möchte Ihr Partner aber nicht durch Sie von seinem Problem befreit werden, sondern es gerne selbst lösen – auf seine Weise, in seinem Tempo, mit seinem Lösungsansatz. Indem Sie eine simple Lösung präsentieren, stellen Sie die Berechtigung des Problems infrage: »Das ist doch gar nicht so schlimm! Das geht ganz einfach …« Gut gemeint, aber nicht gut geholfen. Sie erklären dem Partner, nach dessen Gefühl, von oben herab die Welt – wie Eltern ihren Kindern. Damit befinden Sie beide sich nicht mehr auf gleicher Augenhöhe, was keiner Beziehung dient und beim Gegenüber Minderwertigkeitsgefühle verursacht. Sie übernehmen ungefragt die Regie im Leben Ihres Partners und suggerieren ihm, dass die Lösung einfach wäre. »Stell dich nicht so kindisch an!«, steht unausgesprochen oder sogar deutlich hörbar im Raum.

Konzentrieren Sie sich stattdessen darauf, wie es Ihrem Partner im Moment geht. Wenn Sie liebevoll zuhören und geduldig Fragen stellen, wird das dazu beitragen, dass Ihr Partner zu eigenen Lösungsansätzen kommt, die ihm mehr bedeuten als ein fremdes Patentrezept.

Für den Ratgebenden kann es frustrierend sein, wenn der Partner seine Ratschläge ablehnt. Aber es liegt nicht daran, dass die Ideen schlecht sind – sie kommen einfach nur zum falschen Zeitpunkt.

Menschen benötigen Mitgefühl und Verständnis,
bevor sie für Lösungen offen sind.

Wenn wir unter extremem Stress leiden, ist es egal, ob wir Kinder sind oder Erwachsene, unsere Bedürfnisse sind ähnlich: Wir brauchen Unterstützung, Zuneigung und Trost. Erst wenn unser Gefühl von Schmerz, Zweifel oder Angst von einem uns wichtigen Menschen »gewürdigt« wurde, sind wir offen für seine Lösungsideen. Stellen Sie sich vor, wie Sie einen weinenden Vierjährigen trösten würden. Wahrscheinlich nehmen Sie ihn in den Arm, trocknen seine Tränen und sagen etwas Beruhigendes. Bestimmt halten Sie keinen Vortrag, was er falsch gemacht hat und was er hätte besser machen sollen. Sie trösten und hören vorher zu, was er zu sagen hat. Wie wäre es, wenn Sie genau das auch bei Ihrem Partner machen würden?

Jetzt ist 007 gefragt

Weil der Reflex, helfen zu wollen, bei vielen Menschen stark ausgeprägt ist, wäre es hilfreich, wenn der unter Stress stehende Partner zunächst erklären könnte, was er sich wünscht. Zum Beispiel: »Ich möchte, dass du mir einfach nur zuhörst.« Oder: »Versuch bitte, zu verstehen, wie schwer das für mich ist, selbst wenn es für dich gar kein Problem ist.« Eine Einladung dazu, einen Rat zu geben, wäre folgende Aussage: »Ich möchte dir etwas erzählen und dann deine Meinung hören, und ich wäre dir sehr dankbar für einen guten Rat.«

Manchmal ist es schwierig oder für den Verzweifelten zu lästig, auch noch großartig zu formulieren. Um in angespannten Situationen nicht viele Worte verlieren oder sich umständlich erklären zu müssen, kann es helfen, eine Art Parole zu vereinbaren. Ein Burnout-Paar, dem ich als Hausaufgabe mitgegeben hatte, einen Code abzusprechen, kam zum nächsten Termin lachend in meine Praxis. »Darf ich es ihr sagen?«, fragte sie ihn sicherheitshalber, und als er mit hochrotem Kopf nickte, erzählte sie schmunzelnd: »Wenn ich einfach nur seine Ohren brauche, sage ich: ›Hase, ich brauch dich.‹ Und wenn ich seinen schnellen Verstand für eine Lösung brauche, dann sage ich: ›Jetzt ist 007 gefragt!‹«

Wenn Sie nicht sicher sind, ob Sie 007 spielen oder sich ausschließlich auf die Funktion Ihrer Ohren konzentrieren sollen, können Sie schlicht fragen: »Was brauchst du jetzt von mir? Was kann ich für dich tun? Soll ich nur zuhören und mich mit dem Schlaubergerspielen zurückhalten?«

Wenn Sie eine Idee für eine Lösung haben, warten Sie sicherheitshalber ein bis zwei Tage und fragen Sie vorher nach: »Du hast mir gestern von ... erzählt. Ich habe mir mal ein paar Gedanken dazu gemacht und würde dir diese gerne mitteilen. Wann wäre es dir recht?«

Wenn Ihr Partner einsilbig ist

»Mein Partner redet nicht mit mir«, klagen viele in meiner Praxis. Selbst auf die unschuldige Frage »Wie war dein Tag?« erhalten sie nur einsilbige Antworten. »Nie erzählst du mir was! Sag doch auch mal etwas!« Insistierendes Aushorchen ist selten von Erfolg gekrönt. Druck erzeugt nur Gegendruck. Ersparen Sie sich das lieber.

Viele Menschen antworten auf geschlossene Fragen – die man mit Ja oder Nein beantworten kann – auch wirklich nur mit einem Wort. Sie können eine Person viel leichter zu einem Gespräch verführen, indem

Sie offene, gezielte und individuelle Fragen stellen. Zum Beispiel: »Du wirkst etwas angespannt von der Arbeit – was bereitet dir Kopfzerbrechen?« Oder auch: »Worauf bist du gerade besonders stolz?« Achtung! Stellen Sie solche offenen Fragen nur, wenn Sie wirklich Lust haben, aufmerksam zuzuhören. Beobachten Sie den Erzählenden dabei genau, am besten mit einem liebevollen Lächeln.

Wir können einen Menschen durch unser Verhalten kleiner machen oder größer werden lassen. Man kann nicht immer nur Positives berichten, aber wenn Sie ein Leuchten in den Augen Ihres Partners wahrnehmen, haken Sie gezielt nach. Provozieren Sie beim anderen gute Gefühle. Lassen Sie Menschen so oft wie möglich innerlich wachsen und damit glänzen, worauf sie stolz sind. Die gute Laune, die Sie auf diese Weise auslösen, wird auf Sie selbst abfärben. Wichtig ist, auch wenn es noch so verführerisch sein mag, sich mit Ratschlägen zurückzuhalten, denn das macht Menschen eher klein. Wenn Sie Ihren Partner in ein gutes Gespräch verwickeln wollen, an welches sich beide später gerne erinnern, gehen Sie mit Neugier, Interesse und einer Haltung von Unwissenheit auf den anderen zu. Dann kann Ihr Gegenüber auf hohem Niveau strahlen oder sich zumindest voll und ganz verstanden fühlen. Der nächste Gesprächseinstieg wird umso leichter und willkommener sein, wenn Sie sich an das Sprichwort halten: »In jedem Menschen steckt ein König. Sprich zu dem König, und er wird herauskommen.«

Anhimmeln statt kritisieren

Zu Beginn einer Liebesbeziehung fällt es vielen leicht, ihrer Achtung und Zuneigung gebührend Ausdruck zu verleihen. Manche Paare, die länger zusammen sind, sagen sich viel zu selten, dass sie immer noch den Menschen an ihrer Seite haben, den sie lieben und bewundern. Dabei sind Zuneigung und Anerkennung die wichtigsten Zutaten für eine glückliche Beziehung. Wer sich mehr kritisiert als geachtet und bewundert fühlt, kann auf Dauer keine Partnerschaft führen, die durch Leichtigkeit und Lebensfreude geprägt ist. Die Wirkung positiver Worte gilt nicht nur im direkten Miteinander. Auch wohlwollende Aussagen über den Partner gegenüber Dritten stärken die Partnerschaft. Paare in glücklichen Beziehungen fällen laut Studien in einem Verhältnis von fünf zu eins mehr positive als negative Aussagen übereinander. Zählen Sie einmal mit: Wie ist das bei Ihnen?

Ein Hieb ins Gehirn

Ich stelle oft fest, dass die Partner gar nicht ahnen, welche Wirkung ihre Kritik hat. »Wir sind beide erwachsene Menschen, wir sollten doch Kritik aushalten können«, lautet der übliche Einwand. Es geht in einer Beziehung nicht darum, was der andere aushalten kann, sondern um ein liebevolles Miteinander. Eine Beanstandung ist nie angenehm – und wenn sie von einem nahen Menschen stammt, reagieren die meisten besonders sensibel und verletzlich. Der unterschwellige Inhalt dieser Botschaften lautet schlicht und einfach: Du hast mich enttäuscht. Wenn das der Mensch ausspricht, den man am meisten liebt, ist das mit den Worten der amerikanischen Psychologin Jill Hooley wie ein »Hieb ins Gehirn«. Dort – genauer gesagt in der Amygdala, dem Bereich des Gehirns, der für Angstgefühle zuständig ist – kann das sogar Schaden anrichten. In ihren Studien fand die Harvard-Professorin heraus, dass häufige Kritik an der eigenen Person sogar eine Depression begünstigt, sofern ein Mensch die Disposition dazu in sich trägt.[22]

Kritik hat selbst für glückliche Paare einen zerstörerischen Einfluss, denn sie wirkt besonders heftig, wenn sie von einem Menschen kommt, der der Gegenstand einer festen und sicheren Bindung sein soll. Äußert ein Liebespartner Missbilligung und Kritik, wirkt das auf den anderen wie ein Martinshorn: Dieser Mensch, dem ich mich so tief verbunden fühle, kritisiert mich – Hilfe, Alarm! Es entsteht starker emotionaler Stress, und der Körper schaltet unbemerkt in den bereits erläuterten Flucht- oder Kampfmodus. Weil Kritik manche Menschen in Angst und

Schrecken versetzt, ist es in der Folge unmöglich, inhaltlich noch genau zu verstehen, um was es überhaupt geht. Stattdessen geht der Gemaßregelte in Verteidigungsstellung oder zieht sich zurück. Das Ergebnis, wenn zwei daraufhin unfruchtbar aneinander vorbeikommunizieren, ist im wahren Leben leider selten so lustig wie in einem Sketch von Loriot.

Was Sie nur noch einmal am Tag machen sollten

Für alle Dauerkritiker: Gut gemeint ist hier das Gegenteil von gut gemacht. Niemand kann in einer Beziehung glücklich sein, in der er sich ständig gemaßregelt fühlt. Gehören Sie zu den Menschen, die ihren Partner gerne belehren oder kritisieren? Eine mögliche Ursache dafür könnte Stress sein. Vielleicht meinen Sie es nicht einmal böse oder merken es selbst nicht mehr – aber das ist keine Entschuldigung. Vielleicht glauben Sie, dass ständige Kritik schneller zur Verbesserung führt. Genau das Gegenteil ist der Fall. Mancher schafft es nicht einmal, ein Lob ohne eine versteckte Kritik zu äußern. »Endlich hast du mal die Garage aufgeräumt. Das hattest du schon vor Wochen versprochen.« Dieses Lob ist vergiftet und wird dem Empfänger wenig Freude bereiten.

Haben Sie genügend Ehrgeiz, die »Einmal am Tag«-Regel auszuprobieren? Wenn Ihnen nur eine einzige Beschwerde pro Tag zur Verfügung steht, am besten eine konstruktive, werden Sie aufmerksamer und bekommen automatisch eine ganz neue Sichtweise, was in Ihrem Leben wirklich wichtig ist. Und nur zur Sicherheit sei erwähnt: je weniger Kritik und Beschwerden, desto besser!

Übrigens sind die meisten Kritiker einem bestimmten Menschen gegenüber noch viel gnadenloser als gegenüber dem Rest der Welt – nämlich gegenüber sich selbst. Wie wenig sinnvoll Selbstkritik ist, habe ich bereits ausführlich erklärt. Insofern wäre es ratsam, die »Einmal am Tag«-Regel auch für sich selbst anzuwenden. Ja, ich weiß – das wird vermutlich deutlich schwieriger, als sich bei anderen zurückzuhalten. Aber wer mit sich selbst zufrieden ist und liebevoll mit sich umgeht, der blickt auch großzügiger auf die Schwächen anderer.

Die drei Stufen der »Russinnentaktik«

Wenn es um das Thema Kritik und Bewunderung in der Partnerschaft geht, muss ich immer an die »Russinnentaktik« denken. Der Begriff geht zurück auf eine Geschichte, die mir vor vielen Jahren eine glücklich verheiratete Geschäftsfrau erzählte. Die erfolgreiche Architektin gehörte zu einer kleinen, elitären Gruppe von sechs Unternehmerinnen, die sich einmal im Monat trafen, um sich auszutauschen und gegenseitig zu unterstützen. Einmal waren sie allerdings zu siebt. Eine der Frauen hatte nämlich Besuch aus St. Petersburg. Da sie die weitgereiste Freundin weder allein lassen noch das illustre Treffen verpassen wollte, nahm sie diese einfach mit. Es war wie immer ein sehr inspirierender Abend, bei dem auch das leibliche Wohl nicht zu kurz kam. Je später der Abend, desto mehr stieg der Alkoholpegel am Unternehmerinnenstammtisch, und so kam es, dass zur blauen Stunde ein interessantes Spiel angeregt wurde. Reihum musste eine der Frauen eine ungewöhnliche Geschichte zum Besten geben. Die Aufgabe der anderen bestand darin, zu raten, ob das Erzählte der Wahrheit entsprach oder frei erfunden war. Der Alkohol löste die Zungen, und alle hatten viel Spaß. Sie logen, dass sich die Balken bogen, und manch wahre Geschichte wurde zu Unrecht als Lüge deklariert. Selbst die Besucherin aus Sankt Petersburg fing an, aus dem Nähkästchen zu plaudern: In Russland, so berichtete sie, gäbe es ein uraltes Geheimnis unter den Frauen, und es würde von Generation zu Generation von den Müttern an die Töchter weitergegeben. Ein magisches Rezept, wie man sich einen reichen, deutschen Mann angeln könnte. Diese Methode wäre extrem verlässlich und sei in neunzig Prozent der Fälle erfolgreich. Die Erzählerin berichtete mit verklärtem Blick, dass ihre beste Freundin Irina seit nunmehr drei Jahren glücklich verheiratet sei, und zwar mit einem sehr vermögenden deutschen Mann.

Natürlich waren alle Zuhörer sehr gespannt und wollten unbedingt wissen, was es denn nun mit dieser »Russinnentaktik« auf sich hat. Ob es eine Droge, ein komplizierter Zaubertrank oder eine ausgefallene sexuelle Praktik wäre. Die Erzählerin freute sich über das wachsende Interesse ihres Publikums und behauptete, dass es viel einfacher sei, als alle denken würden. Man müsse sich nur an einen ganz speziellen Drei-Stufen-Plan halten:

Es beginnt immer mit anhimmeln. »Schenk dem Mann einfach nur ganz viel Anerkennung. Gib ihm das Gefühl, dass er ein Held ist und dich glücklich macht. Das können die deutschen Frauen nicht so gut, hat meine Mutter gesagt.« Die Russin schaute fragend in die Runde und blickte in betroffene Gesichter. »Scheiße, das stimmt, das tue ich wirklich zu wenig«, beichtete eine Dame. »Nicht nur du! Mir ist das immer zu albern, aber wahrscheinlich unterschätze ich das«, sagte eine andere. »Oh je, ich fürchte da gibt es einigen Nachholbedarf, vor allem bei erfolgreichen Frauen wie uns!« Lautstark stimmte man ihr zu, und natürlich waren alle neugierig auf die Stufe zwei. »Wahrscheinlich ahnt ihr es schon: Sex! Egal was und wie viel der Mann sich wünscht – seine kühnsten Träume werden erfüllt!«, lautete die Antwort. »Das war ja klar, dass das jetzt kommt«, seufzte daraufhin eine. Die Gesichter wurden länger. »Aber nur für eine begrenzte Zeit, denn nach dem Anfixen folgt die dritte Stufe: Hahn zudrehen, zurückziehen und Forderungen stellen«, erklärte die Expertin mit diabolischem Blick. »Willst du gelten – mach dich selten!«, kam es mit Schadenfreude aus dem Publikum. »Ab jetzt bekommt der angehimmelte Mann nichts mehr umsonst. Alles ist an Bedingungen geknüpft. Von kleinen Gefälligkeiten, Schmuck und Geschenken bis hin zur Traumhochzeit.« Die Russin blickte triumphierend in die Runde, und es startete eine wilde Diskussion, an deren Ende sich dann alle einig waren: Die Methode sei genial und wahrscheinlich effektiver, als es der Männerwelt lieb ist.

Was denken Sie? Ist die Story nun wahr oder gelogen? Die Insiderin hat es leider nicht verraten wollen. Auch wenn diese Geschichte voll von

Vorurteilen ist und viel zu viele Klischees bedient, so glaube ich dennoch, dass sie einen wahren Kern enthält. Ich bin davon überzeugt, dass es dem Selbstwertgefühl und einer Liebesbeziehung sehr zuträglich ist, nicht wie selbstverständlich behandelt zu werden, sondern als Mann oder Frau immer wieder bestätigt zu bekommen, dass man für jemand anderen etwas ganz Besonderes ist. Wie sagte Mark Twain so schön: »Von einem guten Kompliment kann ich zwei Monate leben.«

Warum Sie eine »Warum-Diät« halten sollten

Gerade in angespannten Zeiten kann es schon mal eine Herausforderung sein, den Partner wie einen König zu behandeln. Vor allem, wenn das Betriebssystem des Partners sich blind durchgesetzt hat und Ihnen die Motive für seine Handlungen mal wieder völlig schleierhaft sind. Wenn wir einen Menschen nicht verstehen, drängt sich ein kleines, unschuldig wirkendes Wort geradezu penetrant auf: *Warum?* Es scheint harmlos, und doch ist dieses Wort in mehrfacher Hinsicht schwer bekömmlich.

Warum hast du?

Für Sie selbst und ebenso für andere haben Warum-Gedanken unangenehme Folgen. Auch scheinbar unschuldige Fragen, die mit »Warum?« anfangen, sind gerade dem Liebsten gegenüber mit Vorsicht zu genießen. Selbst wenn Sie einfach nur seine Absichten besser verstehen wollen, transportiert eine Warum-Frage schnell einen verkappten Vorwurf. Meist eher unbedacht, stellt der Fragende damit die Werte und Motive oder – noch schlimmer – den Verstand des Gegenübers infrage. Die amerikanischen Autoren Nagler und Androff bringen es höchst provokant, aber gut auf den Punkt. Die Frage nach dem Warum ist ihrer Ansicht nach nur auf eine einzige Art und Weise passend zu beantworten: »Weil ich ein schrecklicher Mensch bin. Weil ich persönlich versagt habe und eigentlich erschossen werden sollte.«[23]

Wie haben Sie sich gefühlt, als Sie das letzte Mal von Ihrem Partner gefragt wurden: »Warum hast du ...?« Oder auch: »Warum hast du nicht ...?« Fanden Sie die Frage völlig berechtigt und haben Sie gerne geantwortet? Oder fühlten Sie sich eher kritisiert und herausgefordert? Wenn Sie Ihr Gegenüber besser verstehen wollen, gibt es liebevollere Möglichkeiten, zu fragen. Viel hilfreicher und weniger angriffslustig wären folgende Versionen:

- Wie kommst du zu der Annahme?
- Was waren deine Beweggründe?
- Was ist passiert?
- Was hat dich dazu gebracht?

Solche Fragen ermutigen eine persönliche Erklärung und animieren zu einem konstruktiven Gespräch. Wenn Sie sich beim nächsten Mal ertappen, dass Sie im Begriff sind, eine Warum-Frage zu stellen: Halten Sie kurz inne. Überlegen Sie sich zuerst, wie Sie Ihr Ansinnen möglichst freundlich kommunizieren können.

Toxisch für Glücksgefühle

Auch für die eigenen Glücksgefühle sind Warum-Fragen eher toxisch. Unser Hirn funktioniert im Prinzip wie die Google-Suchmaschine. Es beantwortet stur die Fragen, die man ihm stellt. Wenn Sie sich zum Beispiel fragen »Warum passen wir nicht zusammen?«, werden Sie adäquate Antworten generieren. Sicherlich keine, die Ihre Beziehung unbedingt stärken. »Warum streiten wir uns nur immer wieder?«, hat den gleichen Effekt. Es sprudeln viele Antworten aus dem Unterbewusstsein hervor – höchstwahrscheinlich eine frustrierender als die andere. Wenn Sie stattdessen in Ihre interne Suchmaschine eingeben »Warum sind wir ein tolles Paar?« und »Was können wir tun, um wieder mehr Spaß miteinander zu haben?« oder »Was wäre ein schönes, gemeinsames Ziel?«, wird Ihr wissendes Hirn auch dazu Ideen liefern. Auf gut formulierte Anfragen generiert es effektive Antworten. Der Autor und Persönlichkeitstrainer Tony Robbins geht noch einen Schritt weiter: »Erfolgreiche Menschen stellen bessere Fragen, und als Resultat erhalten sie bessere Antworten.«

Lassen Sie sich gezielt darauf ein, Ihre Wahrnehmung auf Dinge zu richten, die Ihnen guttun und die Sie voranbringen. Sie könnten zum Beispiel morgens eine positive Frage formulieren, zu einem Thema, welches aktuell für Sie von Interesse ist. Dadurch ist Ihre Wahrnehmung geschärft und Ihre Aufmerksamkeit richtet sich automatisch auf Situationen, die Sie der Antwort näherbringen. So könnten Sie sich zum Beispiel fragen: »Wie kommen wir zu mehr Zeit zu zweit? Wo lauern unsere Zeitfresser und wie können wir sie umgehen?«

Statt sich den ganzen Tag das Hirn zu zermartern, warum in Ihrem Leben so wenig Spaß und Freude herrschen, halten Sie lieber Ausschau nach Dingen, die Ihnen in der Vergangenheit Freude bereitet haben. Vielleicht haben Sie beide früher Tango getanzt und würden das gern wieder aufnehmen. Sie haben aber keine Ahnung, ob es an Ihrem Wohnort überhaupt Möglichkeiten oder Veranstaltungen gibt, die für Sie infrage kommen. Sie könnten sich also die Frage vorknöpfen: »Was können wir tun, um wieder mit dem Tanzen anzufangen? Wie kann ich das organisieren und wo finde ich Informationen dazu? Was machen wir in dieser Zeit mit den Kindern? Wer könnte uns helfen?«

Manche Einfälle kommen mit Verzögerung

Ideen kommen vielleicht aus heiterem Himmel beim Zähneputzen oder am nächsten Tag, wenn Sie durch Zufall auf einen Zeitungsartikel über eine Weltumseglung aufmerksam werden, der sie daran erinnert, dass Sie einmal davon geträumt haben, gemeinsam zu segeln. Überlegen Sie sich, mit welchen Fragen Ihre grauen Zellen die meiste Zeit beschäftigt sind und an was Sie stattdessen denken könnten, um sich in eine positivere Stimmung zu versetzen. Damit Sie mehr Leichtigkeit in Ihrem Alltag erleben, möchte ich Sie für die Zukunft zu einer strengen *Warum*-Diät anstiften. Was Sie noch alles tun können, um Streitigkeiten zu vermeiden und Diskussionen nicht ausufern zu lassen, davon handelt der nächste Abschnitt.

Streiten kann man nicht allein

Wenn Menschen, denen ein liebevoller Umgang wichtig ist, sich auf einmal über Kleinigkeiten beschweren und ständig unangenehme Diskussionen anzetteln, dann ist das ein Alarmsignal. Nicht selten verbirgt sich ein beginnender Burnout hinter so einer aufgeladenen Atmosphäre. Paare, die sich häufig streiten, sind im Grunde auf der Suche nach Nähe, Stabilität und Bestätigung durch den anderen. Ein Krach ist dafür natürlich nicht das geeignete Mittel. Streitereien unter Liebenden enthalten den (meist unbewussten) Vorwurf: »Warum bist du nicht für mich da, obwohl ich dich gerade so sehr brauche?« Dass der geliebte Partner die benötigte Hilfe nicht gibt, triggert die Furcht vor dem Verlassenwerden, die den Homo sapiens selbst heute noch fernsteuert.

Diese Urangst vor der Vereinsamung und der Ausgeschlossenheit ist tief in uns verwurzelt. Schon in der Steinzeit hatten Menschen, die in der Lage waren, stabile Verbindungen aufzubauen, bessere Chancen zum Überleben als solche, die das nicht konnten. Wer aus dem Stamm ausgeschlossen wurde, war zum Tode verurteilt. Deshalb geht es auch beim Streit zwischen Liebenden gefühlt um Leben oder Tod. In Streitsituationen greift das menschliche Gehirn auf Mechanismen zurück, die ursprünglich dazu dienten, das Überleben zu sichern. Ein Streit mit dem Partner ist für unser Unterbewusstsein nichts anderes als die moderne Variante einer steinzeitlichen Begegnung mit einem Säbelzahntiger. Gefühlt besteht akute Lebensgefahr. Instinktiv wollen wir fliehen und die gefährliche Situation verlassen oder wir gehen in Angriffsstellung, um uns zu verteidigen. Diese uralten Verhaltensprogramme laufen unbemerkt ab und werden bei einem Burnout schon von kleinsten Reizen ausgelöst. Je nach Betriebssystem zeigen sich dann kindliche Verhaltensmuster wie Trotz, Sturheit oder Rückzug. Menschen halten, gegen die eigene Vernunft, an diesen Verhaltensmustern aus der Kindheit fest. Was uns schreien und wüten lässt, sind kindliche Bewältigungsstrategien, die kein erwachseneres Update erfahren haben: Dickköpfigkeit, Zwanghaftigkeit oder Kontaktabbruch. Der durch Stress ausgelöste kindliche Aufstand hat seinen Preis. Wer jammernd und schimpfend aus dem Zimmer läuft und sich benimmt wie ein Kleinkind, verliert seine Würde.

Aus Prinzip

Viele Paare ahnen bereits, dass ihre wiederkehrenden Streitgespräche keine bestimmte Sache thematisieren, sondern nur noch »aus Prinzip« geführt werden. In solchen Auseinandersetzungen geht es nicht wirklich um das Handy, die Spülmaschine oder verpasste Termine, sondern um Wertschätzung, Aufmerksamkeit und Zuneigung mit dem Wunsch nach einer glücklicheren Partnerschaft. Die Dialoge folgen immer gleichen Mustern: Auf Klage und Kritik folgt Rechtfertigung und irgendwann Rückzug. Beide fühlen sich verletzt, und unbemerkt wächst die Angst vor Kontrollverlust oder dem Verlassenwerden. Dabei geht es längst nicht mehr um den Stein des Anstoßes. Wie von einem unsichtbaren Regisseur gesteuert, werden die Wortwechsel schneller, die Stimmen lauter und die Argumente austauschbar. Ein unsichtbares Gefahrenschild blinkt im Kopf grell und rot wie eine Leuchtreklame. Möglicherweise rufen sich beide Partner zur Ordnung und versuchen, zur inhaltlichen Diskussion zurückzukehren. Die Wahrscheinlichkeit, dass sie dann weiterhin über Haushalts- oder Aufsichtspflichten diskutieren, statt die Warnsignale hinsichtlich ihrer Partnerschaft wahrzunehmen, ist hoch. Sie glauben, es ginge um Arbeitszeiten oder Smartphones, doch den tieferen Grund erkennen sie meist nicht. Jedes Paar hat seine eigenen roten Knöpfe. Falsch eingeräumte Spülmaschinen, immerfort benutzte Smartphones oder unterschiedliche Erziehungsideen sind aber nur Nebenschauplätze, um vom Offensichtlichen abzulenken. Die eigentlichen Auslöser wie Versäumnisse, Verletzungen oder Verachtung sind zu tief im Gedächtnis verborgen. Während beide mit unbewusster Bindungspanik kämpfen, haben sie keine Ahnung von den wahren Ursachen ihres Streits. Leider sind diese vorsintflutlichen Schutzreflexe wenig förderlich.

Stabile Partnerschaften werden durchs Streiten nicht ernsthaft bedroht. Doch eines sollten Sie wissen: Ein liebevoller Krach ist unmöglich. Wir können einem Menschen nicht unvoreingenommen und aufgeschlossen begegnen, während wir mit unseren Ängsten kämpfen, verärgert oder verletzt sind. Wir sind eben doch nicht der Homo rationalis, für den sich viele halten, sondern vielmehr ein empfindsamer Homo emotionalis. Brechen Sie deshalb eine ausufernde Diskussion so früh wie möglich ab, um Verletzungen zu verhindern. Selbst unter Stress, wenn das Empathie-Zentrum nur noch im Notbetrieb arbeitet, können Sie es mit ein paar kleinen Tricks schaffen, eine eskalierende Situation zu beenden, wie die folgenden Abschnitte zeigen.

Visualisieren Sie das innere Kind

Ist die Verbundenheit in einer Beziehung nicht mehr spürbar, schlägt unser inneres Warnsystem Alarm. Deshalb ist es in aufgeladenen Situationen besonders wichtig, Ruhe zu bewahren und Verständnis zu signalisieren. Erinnern Sie sich daran, dass jemand, der als Erwachsener extrem reagiert, meist keine schöne Kindheit hatte. Auch wenn es despektierlich klingen mag: Sehen Sie in Ihrem aufgebrachten oder vorwurfsvollen Partner für einen Moment ein verletztes Kind. Vielleicht mit einem Teddy im Arm und eine Schmusedecke hinter sich herziehend. Das hilft, um geduldig zu bleiben und mit großem Herzen auf den anderen zu schauen. So können Sie eine brenzlige Situation leichter entschärfen.

Eine Pause einlegen

Mit dem Wissen, wie das menschliche Hirn in Konfliktsituationen funktioniert, ist es einfacher zu verstehen, warum manche Auseinandersetzungen so eisig werden und »nur noch ums Prinzip« gestritten wird. In den meisten Fällen ist es sinnvoll, dem inneren Impuls, die Sache sofort klären zu wollen, nicht zu folgen. Vertagen Sie das Ganze lieber, bis wieder zwei Erwachsene im vollen Besitz ihrer geistigen Kräfte miteinander reden können: »Merkst du, dass wir dabei sind, uns den Tag zu versauen? Haben wir denn nichts Besseres zu tun, als einen unnötigen Streit anzuzetteln?«

Ich habe vor einiger Zeit mit einem unentwegt streitenden Paar gearbeitet, das eine dreizehnjährige Tochter hatte. Die Pubertierende benahm sich oft daneben. Um sie in der Öffentlichkeit nicht mit einer Zurechtweisung zu demütigen, hatten sie mit ihr das Codewort »Banane!« vereinbart. Sofort wusste die Tochter, dass sie gegen eine Regel verstieß, worüber man sich später in Ruhe unterhalten würde. Und weil die Eltern sich im Streit ebenfalls wie zwei Pubertierende verhielten, übernahmen sie die bewährte Losung »Banane!« gleich füreinander.

Einmal um den Block

Vielleicht können Sie sich auch darauf einigen, noch nicht einig zu sein: »Sorry, es kommt mir so vor, als wenn du versuchst, mir deine Meinung aufzudrängen. Wenn ich ehrlich bin, tue ich selbst nichts anderes, aber ich verspreche dir, ich werde nicht aufgeben, bis wir einen Weg gefunden haben, den wir beide gut gehen können. Im Moment tut uns beiden eine Pause gut. Was hältst du davon, wenn wir das Gespräch auf heute Abend vertagen? Dann hätten wir beide Gelegenheit, in Ruhe darüber nachzudenken.«

Sie können Ihren Partner stattdessen auch gezielt bitten: »Lass uns bitte aufhören, zu streiten. Erzähl mir lieber genau, was du von mir möchtest.« Wenn das nicht hilft, schaffen Sie innerlich, aber auch äußerlich Raum zwischen sich und Ihrem Partner. Verlassen Sie das Zimmer, gehen Sie ins Bad, waschen Sie sich das Gesicht oder lassen Sie kaltes Wasser über die Unterarme laufen und atmen Sie tief durch. Lassen Sie die Pause aber nicht zu lang werden oder kündigen Sie diese vorher freundlich an, sonst fühlt Ihr Partner sich alleingelassen und hat den Eindruck, Sie würden die Fortsetzung des Gesprächs aufschieben wollen. Sie können eine Zeit vereinbaren: »Ich gehe mal kurz raus. Wir reden in fünfzehn Minuten weiter, okay?« Ein Paar, mit dem ich gearbeitet habe, fand für sich die einfache Losung: »Ich gehe mal um den Block!« Das gilt beiden seitdem als Synonym für: »Ich brauche mal eine Pause. Ich muss nachdenken und zu mir kommen. Ich habe Angst um unsere Liebe und möchte lieber eine kleine Pause einlegen, ehe einer von uns etwas sagt, das wir hinterher bereuen.« Dabei spielt es für beide keine Rolle, ob sie das Haus verlassen und wirklich um den Häuserblock laufen oder nur aus dem Zimmer gehen und sich kurz zurückziehen.

Eine Auszeit bietet sich an, wenn Sie das Gefühl haben, von Ihren Emotionen überrollt zu werden und am liebsten losschreien würden. Wenn die Diskussion einen toten Punkt erreicht und eine Eskalation droht, ist es besser, sich zurückzuziehen – liebevoll und mit vorheriger Erläuterung. Sie sollten nicht kommentarlos aus dem Zimmer marschieren und den Partner stehen lassen. Das wäre eine mentale Ohrfeige, genauso wie der Satz: »Mit dir kann man einfach nicht reden!« Wie wäre es stattdessen mit: »Ich fürchte, wir werden jetzt keine Lösung finden. Wenn wir so fortfahren, tun wir uns nur unnötig weh. Lass uns bitte eine Pause einlegen und morgen darüber reden.« Ich liebe meinen Mann besonders, wenn er in solchen Situationen sagt: »Du, das können wir zwei doch echt besser!«

Beherzt auf die Bremse treten

Deeskalation hilft, einen Ausweg aus der zerstörerischen Spirale zu finden. Je weiter ein Streit fortgeschritten ist, desto kraftvoller muss die unterbrechende Intervention sein.

Falls nötig, sollten Sie im nächsten Schritt die Konsequenzen ankündigen, die Sie ziehen werden, falls der Streit nicht beiderseitig beendet wird. Etwa: »Ich bitte dich hiermit ein letztes Mal, dass wir mit dem Streiten aufhören. Wenn du das noch nicht schaffst, gehe ich für kurze Zeit aus dem Zimmer.« Wenn der aufgebrachte Partner nicht einlenkt, hilft nur noch eine Vollbremsung. Beim ADAC habe ich gelernt, dass man bei drohender Gefahr beherzt und mit voller Kraft auf das Bremspedal treten muss.

»Auf diese Weise werden wir das Problem nicht lösen. Wenn wir uns beide beruhigt haben und wieder wie vernünftige Erwachsene miteinander sprechen können, reden wir weiter. Im Moment würden wir uns nur unnötig wehtun.« Verlassen Sie anschließend tatsächlich das Zimmer. Wenn die Gemüter sich beruhigt haben, geben Sie dem anderen die Chance, sich zu erklären.

Warum es so schwierig ist, im Kampf besonnen und cool zu bleiben, hat also selten mit schlechten Vorsätzen oder mangelndem Bemühen zu tun. Es sind vielmehr physiologische Hindernisse und archaische Instinkte, die uns in stressigen Situationen blockieren. Die alles verschlimmernde Emotion im Streit ist nackte Angst. Neben einem gewissen Ohnmachtserleben ist Angst die vorherrschende Basisemotion. Wenn Sie im Gespräch starke Unsicherheit bei Ihrem Gesprächspartner wahrnehmen, hilft es, genau hinzuhören, um die Ängste zu identifizieren und frühzeitig darauf eingehen zu können.

»Ich will!« versus »Ich will nicht!«

Wenn Sie herausgefunden haben, was Ihr Gesprächspartner befürchtet, können Sie ihm die Angst nehmen, indem Sie Ihre eventuell missverstandene Absicht klarer formulieren. Am besten gelingt dies, indem Sie das, was Sie definitiv nicht wollen, jenem gegenüberstellen, was sie wollen.

Starten Sie mit »Ich will nicht …«, und danach kommt »Ich will …«.

- »Es tut mir leid, dass das wie ein Vorwurf klang. Ich will dich nicht angreifen. Du kannst nichts dafür, dass das Taxi so lange braucht. Ich will nur verhindern, dass wir zu spät kommen.«
- »Es tut mir leid. Ich will dich nicht übergehen oder deine Kochkünste infrage stellen. Ich will dich lediglich davor bewahren, dass du bei unserer Party in der Küche stehst und vorher tagelang organisieren musst. Ich möchte, dass du das Fest wie alle anderen genießen kannst.«
- Oder wenn es schon etwas brenzliger ist: »Können wir bitte die Gangart wechseln? Ich möchte mit dir darüber reden, was passiert ist. Ich will weder erreichen, dass du dich schuldig fühlst, noch, dass du dich verteidigen musst. Ich glaube, es wäre hilfreich, wenn wir beide uns sagen könnten, was für jeden von uns funktioniert und was nicht. Mein Ziel ist, dass wir eine Lösung finden, mit der wir beide zufrieden sind.«

Es ist übrigens keinesfalls verwerflich, einen Satz wie diesen auswendig zu lernen, damit Sie ihn im Ernstfall parat haben. Denn wie schon erwähnt, ist das Gehirn unter Stress nur bedingt bereit, zielführende Formulierungen zu finden. Wohl dem, der also schon eine funktionierende Deeskalationsstrategie griffbereit hat. Grundsätzlich gilt: Erst wenn Ihre wahre Intention verstanden worden ist und Ihnen keine bösen Absichten mehr unterstellt werden, können die Richtigstellung und Ihre Lösungsidee auf fruchtbaren Boden fallen: »In meiner Wahrnehmung arbeitest du in letzter Zeit zu viel. Deshalb wollte ich dich entlasten. Natürlich will ich nicht über deinen Kopf hinweg Entscheidungen treffen. Was hältst du davon, wenn ich unsere Gäste anrufe und ihnen sage, dass sie gerne Salate mitbringen dürfen? Und vielleicht könnte ich dich beim Kochen unterstützen? Oder wir grillen einfach? Ich will, dass wir beide maximal Spaß an unserem Gartenfest haben!«

Burnout und Depression beim Partner

Manchmal ist es trotz bester Absichten und liebevoller Worte gar nicht so einfach, den Partner zu erreichen. Das ist vor allem dann der Fall, wenn der Partner von einem Burnout oder einer Depression betroffen ist. Den geliebten Menschen in einem seelischen Tief zu erleben kann extrem frustrierend sein, selbst wenn es sich dabei um ein rein beruflich bedingtes Ausgebranntsein handelt. Angehörige kämpfen dann mit verschiedensten Gefühlen von Verzweiflung, Hilflosigkeit oder Unverständnis bis hin zu Wut und Scham. Nicht selten trifft es gerade die Starken, die Helfer und Versorger der Familie. Wenn diese wegfallen, plötzlich selbst hilfsbedürftig werden und ständig Aufmerksamkeit oder Rücksicht einfordern, kann dies besonders belastend sein. Die Herausforderung besteht dann darin, dem Partner gegenüber auf Augenhöhe zu bleiben und nicht in eine Therapeutenrolle zu schlüpfen. Noch schlimmer für die Beziehung und schädlich für die Erotik ist es, wenn Sie sich wie ein Erziehungsberechtigter gegenüber einem Kind aufführen. Damit untergraben Sie das ohnehin angeknackste Selbstwertgefühl des Partners und erschweren die Kommunikation auf Erwachsenenebene. Natürlich braucht ein Mensch Unterstützung, wenn er unter einem Burnout oder einer Depression leidet, doch hier ist es besser, sich Hilfe von außen hinzuzuholen. Sie sollten Freunde oder einen Therapeuten einbeziehen, spätestens dann, wenn Sie sich überfordert fühlen.

Hilflose Helfer

Es ist wichtig, dass Sie besonders gut für sich selbst sorgen, wenn Sie den Menschen an Ihrer Seite aus einer Lebenskrise herausführen wollen. Wenn Sie sich dabei übernehmen und zusammenbrechen oder gar selbst depressiv werden, ist niemandem geholfen. Nutzen Sie bitte die im Abschnitt »Erst kommt das ICH« vorgestellten Techniken, um nicht zum hilflosen Helfer zu werden. Ohne radikale Selbstliebe kann es Ihnen zudem passieren, dass Sie eine »compassion fatigue« ereilt. So nennt man den Zustand, wenn pflegende Menschen ausbrennen und emotional abstumpfen gegenüber dem Leid anderer. Von diesem unbewussten Selbstschutz betroffen sind in erster Linie hochempathische Menschen. Diese haben oft die romantische Vorstellung, dass man negative Emotionen gemeinsam tragen könnte wie eine materielle Bürde. Doch depressive Verstimmungen verhalten sich leider eher wie ein Virus, mit dem man sein Umfeld ansteckt. Sie sollten deshalb Ihr emotionales Immunsystem mit radikaler Selbstliebe stärken. Je mehr Sie sich darin üben, desto geringer ist auch Ihr Risiko dem Partner gegenüber abzustumpfen.

Dazu gehört es auch, rechtzeitig Grenzen zu setzen. Und zwar nicht erst dann, wenn Ihnen die Aggressivität, das ständige Jammern oder die Antriebslosigkeit des Partners bereits auf die Nerven gehen. Eine frühzeitige Abgrenzung schützt Sie davor, sich durch seine Äußerungen unnötig provozieren zu lassen. Mit der richtigen Einstellung bewahren Sie sich zudem davor, von seinen negativen Gefühlen mitgerissen zu werden und ihm ständig Vorwürfe zu machen. Nicht selten entspinnt sich sonst ein übler Kreislauf: Je mehr Vorwürfe Sie dem Partner machen, desto mehr zieht dieser sich zurück. Und je mehr er dicht macht, desto hilfloser fühlen Sie sich und desto heftiger werden Ihre Vorwürfe.

So schlimm ist das doch nicht!

Widerstehen Sie bitte ebenfalls der Versuchung, Ihrem Partner die negativen Gefühle ausreden zu wollen. Sie erinnern sich an das Motto »Empathie statt Sympathie«? Also kein »So schlimm ist das doch nicht!«. Nur wer sich vollkommen verstanden und angenommen fühlt, kann sich wieder öffnen. Akzeptieren Sie die Gefühle Ihres Partners. So helfen Sie ihm, seine negativen Emotionen schneller loszulassen. Ermuntern Sie Ihren Partner, über seine Probleme zu reden, und erinnern Sie ihn nach Möglichkeit an seine Stärken. Falls Ihr Partner sich beginnt einzuigeln und Ihre Annäherungsversuche immer häufiger torpediert, wird es Zeit, die Mauern vorsichtig einzureißen, bevor diese zu hoch werden. Auch das schaffen Sie am besten mit einer großen Portion Empathie. In der Psychologie nennt man diese Technik »spiegeln«. Beschreiben Sie die Gefühlsregungen, die Sie beim anderen vermuten, und formulieren Sie eine dazu passende Frage. Wenn Sie merken, wie Ihr Partner sich zurückzieht, könnten Sie zum Beispiel fragen:

- »Du wirkst genervt. Ich fürchte, ich habe dich zu sehr bedrängt. Ist dir grad alles zu viel?«
- »Es fühlt sich für mich so an, als wenn wir uns nur noch im Kreis drehen. Ich werde lauter, und du ziehst dich in dein Schneckenhaus zurück. Hast du die Nase voll von mir?«
- »Du sagst zwar, es ist alles okay, aber du wirkst nicht so. Deine Stimme klingt leise und traurig. Ich habe Angst, dich zu verlieren. Gibt es etwas, was ich tun kann, damit es dir besser geht?«

Für Körper und Seele

Auch ein bisschen »Russinnentaktik« in Form von positivem Feedback zu bestandenen Alltagshürden kann nicht schaden und stärkt das Selbstbewusstsein. Ihr Partner darf ruhig spüren, dass Sie ihn lieben und brauchen.

Falls Sie das Gefühl haben, der geliebte Mensch sei urplötzlich und ohne Ankündigung von einem Tag auf den anderen depressiv geworden, ist es wichtig, den Arzt Ihres Vertrauens um Rat zu fragen. Denn dann könnte es sein, dass die psychischen Beschwerden eine körperliche Ursache haben. Das können z. B. Neben- und Wechselwirkungen verschiedener Medikamente sein, eine Schilddrüsenerkrankung oder auch eine allergische Reaktion auf einen bestimmten Stoff.

Wenn keine körperlichen Probleme dagegensprechen, ist es bei depressiven Stimmungen angeraten, sich möglichst viel zu bewegen. Nicht nur weil dadurch Stresshormone abgebaut werden, sondern weil für den Aufbau von neuen, positiven Nervenbahnen spezielle Baustoffe benötigt werden. Diese sogenannten BDFN-Proteine werden nur unter körperlicher Beanspruchung produziert. Insofern ist es gut, wenn Sie Ihren Partner zu Spaziergängen oder sportlichen Aktivitäten anstiften. Ob Sie Golfen, Tango tanzen oder Segeln lernen: Wichtig dabei ist nur, dass das Ganze Spaß macht und nicht in Stress ausartet.

Die unterschätzte Kraft der Entschuldigung

Wir müssen nicht perfekt sein: Friede, Freude, Eierkuchen an dreihundertfünfundsechzig Tagen im Jahr ist nicht das Ziel. Ewige Harmonie ist nicht die Voraussetzung für eine erfolgreiche Partnerschaft. In jeder Beziehung gibt es gewisse rote Knöpfe. Themen, bei denen einer oder beide schnell an die Decke gehen. Auch bei glücklichen Paaren hängt manchmal der Haussegen schief, aber nie für lange Zeit. Das Kriterium für die Gesundheit einer Beziehung besteht, wie bereits erwähnt, nicht in der Streitfrequenz, wohl aber in der Zeitspanne, die das Paar braucht, um aufeinander zuzugehen.

Damit der Haussegen schnell wiederhergestellt werden kann, empfiehlt es sich, bei heiklen Angelegenheiten die Initiative zu ergreifen, statt zu hoffen, dass der andere nichts merkt. Haben Sie zum Beispiel etwas getan oder gesagt, das den Partner verletzt hat, sollten Sie sich entschuldigen. »Es tut mir leid«, diese vier Worte werden in ihrer Wirkung oft unterschätzt. Selbst in der Rechtsprechung ist die Idee, Verantwortung zu übernehmen und Reue zu zeigen, tief verwurzelt. Deutliche Reue vermindert das Strafmaß, eine gute Rechtfertigung hingegen nicht. Aus wissenschaftlicher Sicht ist eine Entschuldigung umso wirksamer, je schneller sie erfolgt. Zum Beispiel: »Jetzt habe ich wieder den Müll vergessen, das tut mir leid. Hast du dich sehr geärgert?« So können Sie die Konflikte auf sachlicher Ebene schnell lösen, bevor der Ärger sich aufstaut. Da könnten viele von Kindern lernen, denn die begreifen recht schnell die Macht von Entschuldigungen und wenden sie frühzeitig an, um Probleme aus der Welt zu schaffen. Selbst wenn dies nicht leicht fällt, ist es wichtig, die Verantwortung zu übernehmen, statt Ausreden vorzuschieben. Zudem ist es effektiver, sich für den verursachten Schmerz zu entschuldigen, als sich wortreich dafür zu rechtfertigen. Der amerikanische Professor Randy Pausch erklärte diesbezüglich sehr anschaulich: »Eine gute Entschuldigung wirkt wie ein Antibiotikum, eine schlechte, als hätte man Salz in eine Wunde gestreut.«[24]

Eine schlechte Entschuldigung ist zum Beispiel eine, die in ein »aber« mündet. Solch eine Abbitte ist wenig hilfreich und eher kontraproduktiv, vor allem wenn sie in einem Gegenvorwurf endet: »Es tut mir leid, dass ich dich verletzt habe, aber du bist in solchen Dingen auch so furchtbar empfindlich.« Jegliche Art von Rechtfertigungen und Erklärungen, die zum gleichen Zeitpunkt oder kurz danach ausgesprochen werden, löschen für den Verletzten die Entschuldigung aus dem Gedächtnis.

Reue statt Rechtfertigung

In meiner Praxis erhalte ich häufig unterschiedliche Auskünfte darüber, ob schon eine Entschuldigung stattgefunden habe. In den Einzelsitzungen klagt er, sich tausendmal entschuldigt zu haben, während sie enttäuscht berichtet, vergeblich auf eine Entschuldigung zu warten. Damit eine Entschuldigung die gewünschte Wirkung erzielt, sollten Sie darauf achten, die volle Verantwortung ohne jegliche Einschränkung für das Geschehen auszudrücken. Erklärende Erläuterungen sind wichtig, sollten aber erst ein paar Tage später hinzugefügt werden, um die Worte des Bedauerns nicht zu verwässern. Ebenso wichtig ist es, Verständnis für die verletzten Gefühle des anderen zu zeigen: »Es tut mir ehrlich leid, dass du enttäuscht bist, weil ich das ganze Schokoladeneis allein aufgegessen habe. Kann ich das irgendwie wieder gutmachen?«

Entschuldigen hilft nur, wenn dies mit einem ehrlichen Ausdruck von Bedauern geschieht. Zumindest ist es wichtig, den Schmerz zu bedauern, den der andere erlitten hat. Sich zu entschuldigen, selbst wenn das Geschehene nicht absichtlich war oder nicht in Ihrer Macht stand, kann beiden helfen. Die Überwindung zum versöhnlichen Verhalten und Verzeihen zahlt sich meist schnell aus. Anderen zu verzeihen geht umso leichter, je besser wir uns selbst verzeihen können und Selbstmitgefühl gelernt haben.

»Ich möchte nie wieder verletzt werden!«

Dieser Satz ist in meiner Praxis ein häufig geäußerter und leicht nachvollziehbarer Anspruch. Mit einem Augenzwinkern antworte ich darauf meist: »Dann lassen Sie das mit der Partnersuche und schaffen Sie sich lieber einen Hund an!« Denn sein Herz zu öffnen heißt, sich verletzbar zu machen. Leider sind Liebende nicht davor gefeit, einander wehzutun. Allein schon die Unterschiedlichkeit beider Partner kann immer mal wieder dazu führen, dass man einander ungewollt verletzt. Der amerikanische Psychologe Frank Fincham verglich uns daher mit küssenden Stachelschweinen. In seinem Essay über die Wichtigkeit von Verzeihen in der Partnerschaft wählte er diese schöne Metapher zur Veranschaulichung. Stachelschweine würden sich im tiefen Winter bei klirrender Kälte nachts aneinanderkuscheln, um sich zu wärmen. Vor allem beim Küssen können sie nicht verhindern, einander schmerzhaft zu piksen, was zur Folge hat, dass sie wieder Abstand suchen. Doch um die nächtliche Kälte zu überstehen, müssen sie wieder zusammenrücken. Weil sie sich brauchen, müssen sie einander immer wieder aufs Neue vergeben.[25]

Ist das Liebe?

»Wir streiten uns, also lieben wir uns noch!«, lautete die verblüffende Analyse einer meiner Klientinnen. Manchmal treibt das Beziehungseigenleben wirklich merkwürdige Blüten. Würde man jede Rangelei eliminieren, würden manche Paare gar nicht mehr miteinander kommunizieren. Wenn man als Team gut funktioniert, sich aber als Liebespaar kaum noch wahrnimmt, übernehmen Streits und Vorwürfe eine ganz merkwürdige, unterbewusste Funktion: Sie dienen dazu, sich die Aufmerksamkeit zu holen, die im Alltag fehlt. Während eines Streits sind die Partner einander zugewandt, sind aufmerksam und schauen sich an – etwas, das sie vielleicht sonst kaum machen. Manche Paare streiten auch, damit sie sich anschließend mit viel Emotion oder gar Sex versöhnen können. Trotz ständiger Auseinandersetzungen sind sie felsenfest davon überzeugt, sich zu lieben und genügend in die Beziehung zu investieren. Ich bin allerdings nicht der Überzeugung, dass dies auf Dauer gut geht, und möchte mich eher dem Aphoristiker und Lyriker Ernst Reinhold Hauschka anschließen: »Der Ärger ist als Gewitter, nicht als Dauerregen gedacht; er soll die Luft reinigen und nicht die Ernte verderben.«

Schlimmer als ständige Streitereien

Wenn Resignation und Schweigen den Beziehungsalltag bestimmen, ist das noch belastender als die vielen Streitigkeiten. Wenn beide (oft wegen der Kinder) nur noch nebeneinanderher leben, hat das nicht mehr viel mit Liebe zu tun. Wer in seiner Beziehung sogar unter Einsamkeit leidet, ist einer Trennung oder Scheidung näher, als er denkt. Besonders dann, wenn man die Eheprobleme zwar als schwerwiegend ansieht, aber dennoch versucht, sie allein zu lösen. Wer das Vertrauen verloren hat, dass man den Karren gemeinsam aus dem Dreck ziehen könnte, und deshalb lieber im Alleingang handelt, hat die innere Kündigung wahrscheinlich schon längst abgeschickt.

Übrigens ist die häufige Ausrede »Ich weiß nicht, was ich will. Ich kann mich nicht entscheiden« nur der unbewusste Versuch, sich vor der Verantwortung zu drücken. Keine Entscheidung ist bekanntlich auch eine Entscheidung, nämlich dafür, einfach so weiterzumachen wie bisher. Fragt sich nur wie lange – bis das Haus endlich abbezahlt ist? Oder bis die Kinder volljährig sind? Natürlich ist eine Trennung mit Kindern nicht einfach, aber mit etwas Abstand betrachtet manchmal das Beste für alle Beteiligten. Kinder sind zudem feinfühliger, als ihre Eltern das oft wahrhaben wollen. Sie spüren, wenn zu Hause dicke Luft ist, auch wenn Mama und Papa noch so tun, als sei alles in Ordnung.

Das Kriterium für eine erfolgreiche Paartherapie

Hat einer der Partner bereits eine Affäre oder sogar beide, dann ist dies in der Regel ein Symptom einer sterbenden Beziehung – nicht deren Ursache. Schon lange vor dem Fremdgehen gibt es Anzeichen dafür, dass mit der Partnerschaft etwas nicht stimmt. Allerdings suchen viele erst dann Hilfe, wenn schon einiges im Argen liegt. Die Alarmglocken haben jedoch schon viel früher geläutet. Das Kriterium für eine erfolgreiche Paartherapie ist dann nicht automatisch, dass beide zusammenbleiben. Selbst dann nicht, wenn Kinder involviert sind. Ziel jeder Therapie und jedes Coachings sollten persönliches Wachstum und gesteigerte Lebensqualität sein. Glücklich werden Kinder nur mit glücklichen Eltern. Manchmal kann das auch bedeuten, dass eine Trennung das einzig Richtige ist. Es kann im Laufe eines Beziehungslebens passieren, dass man sich in verschiedene Richtungen entwickelt und auseinanderlebt.

Beziehungsdatenbank

Menschen verändern sich im Laufe ihres Lebens und entwickeln neue Neigungen, Bedürfnisse und Gewohnheiten. Oder haben Sie in allen Bereichen noch exakt dieselben Vorlieben wie vor zehn Jahren? Wer sich schon sehr lange kennt, tappt schnell in die Falle, dem Partner Entwicklungsunfähigkeit und Inflexibilität zu unterstellen. Bei Kindern nehmen wir Veränderungen viel schneller wahr. Wenn Sie einen Jugendlichen treffen, den Sie zuletzt als kleines Kind gesehen haben, werden Sie merken, dass das Kind von damals größer und gereift ist. Ihr Eindruck ist veraltet, der junge Mensch hat sich verändert. Das gilt für Erwachsene genauso, nur nehmen wir deren Veränderungen meist weniger bewusst wahr. Bleiben Sie deshalb offen und prüfen Sie, ob die Informationen über Ihren Partner noch aktuell sind. Ansonsten laufen Sie Gefahr, in allerbester Absicht ihrem Partner einen Bärendienst zu erweisen oder unsinnige Entscheidungen zu treffen, weil Sie von einem veralteten Stand der Dinge ausgehen. Es empfiehlt sich, die interne »Beziehungsdatenbank« immer auf den neuesten Stand zu bringen und den Partner ab und zu wie »Neuland« zu betrachten.

Alte Gewohnheiten infrage stellen

Auch die gesammelten Daten über sich selbst dürfen immer mal wieder überprüft und auf den neuesten Stand gebracht werden. Wenn Sie heute Ihr jüngeres Ich treffen könnten, was würden Sie sich selbst raten und mit auf den Weg geben? Denken Sie mal darüber nach: Welche aktuellen Erkenntnisse würden Sie am liebsten in die Vergangenheit transportieren können, und wie sähe Ihr Leben dann heute aus? Passt Ihre Vorstellung noch zu dem, was Sie sich beim Eingangstest für Ihre Zukunft wünschten? Wenn ja – Gratulation, Sie sind auf dem richtigen Weg! Wenn nicht, dann dürfen Sie noch einmal in Ruhe darüber nachdenken und eine Entscheidung treffen: Machen Sie sich klar, dass Sie sich für eine glücklichere Zukunft von etwas trennen dürfen: von fixen Vorstellungen, wie etwas zu sein hat, oder Verhaltensmustern, die Ihnen nicht guttun. Von Überzeugungen, die nicht mehr der Realität entsprechen oder einer Partnerschaft, die nur noch auf dem Papier besteht. Es ist an der Zeit, alte Gewohnheiten infrage zu stellen, aufzubrechen und zu erneuern. Was gut ist, darf bleiben. Was schon lange nicht mehr funktioniert, darf auf den Prüfstand gestellt und endlich losgelassen werden.

Sobald Sie alles Belastende losgelassen haben und wirklich bereit sind für einen neuen Start ins Glück zu zweit, können Sie sich dem nächsten Abschnitt des Buches widmen.

Dann kommt die LIEBE

Von der WG wieder zur Liebesbeziehung

Alltag, Routine und dumme Angewohnheiten

Die Verhaltensforschung weiß es schon lange: Emotional benehmen wir uns wie verkappte Buchhalter. Wir sammeln berührende Erinnerungen und führen unterbewusst eine Art Einnahmen- und Ausgabenbuch. Das Verhältnis von positiven Erlebnissen (Einnahmen) und Enttäuschungen (Ausgaben) bestimmt darüber, ob wir Dinge und Menschen meiden oder mögen. Nur mit einem ausgeglichenen »Konto« sind wir für eine Beziehung wirklich offen, und in der Liebe wird wesentlich perfektionistischer Buch geführt, als Sie vielleicht denken. So spüren in einer Beziehung stets beide bewusst oder verdrängt, wie es um die Bilanz der gemeinsamen Verbindung steht. Selbst wenn es etwas unromantisch klingen mag, hier passt das Bild des Beziehungskontos. Wie bei einer gemeinsamen Bankverbindung können beide Partner auf dieses Beziehungskonto einzahlen und erhalten im Gegenzug (anders als heutzutage bei der Bank) Zinsen in Form von Beziehungsglück. Kleine und große Abhebungen entstehen bei diesem Konto durch Unachtsamkeit, Verletzungen und (am teuersten) Betrug. Eingezahlt werden können: Liebe, Wohlwollen und Geduld, kleine und große (Liebes-)Dienste im Haushalt oder anderswo. Die verschiedenen »Währungen« werde ich im Folgenden noch näher erklären.

Wir sind alle kleine Buchhalter, aber leider meist sehr schlechte. Denn wir neigen dazu, eigene Einzahlungen höher anzurechnen als die des Partners, weil wir zum statistischen Denken nicht in der Lage sind. Heraus fand dies der Psychologe und Nobelpreisträger Daniel Kahneman, und er betont, dass wir häufig auch ganz anders denken, als wir gerne denken möchten.[26] Unterbewusst mogeln wir zu unseren Gunsten, weil wir den eigenen Einsatz sehr gut erinnern, die Heldentaten anderer aber oft nicht wahrnehmen.

Ratsam wäre, zum Ausgleich immer ein bisschen mehr auf das Konto des Partners einzuzahlen. So sind Sie auf der sicheren Seite. Ich glaube, dass es in einer glücklichen Beziehung sogar beide genießen, auf das Beziehungskonto einzuzahlen und sich für das Glück des anderen einzusetzen.

Vorsicht: Saftige Überziehungszinsen!

Es ist wie im wahren Leben – auch vom Beziehungskonto sollte man nicht ständig nur abheben. Es wird teuer, wenn ein Partner das Konto überzieht. Während für Girokonten in Deutschland bis zu achtzehn Prozent Überziehungszinsen üblich sind, werden beim Beziehungskonto satte fünfhundert Prozent fällig. Denn für jeden Streit oder gemeinen Spruch bringt erst die fünffache Menge an liebevollen Handlungen, Äußerungen und Gesten einen dauerhaften Ausgleich. Deshalb genügt nach einem schmerzhaften Vergehen keine schnell daher gesagte Entschuldigung, es bedarf fünf positiver Erfahrungen, um den Saldo fühlbar auszugeichen. Wenn das Verhältnis von Komplimenten und Vorwürfen bei Ihnen zu Hause eins zu eins ist, ist das bereits eine ordentliche Ausgangsbasis, reicht aber bei Weitem nicht, um in die Nähe von Wolke sieben zu gelangen.

Unglückliche Menschen und vom Burnout Geplagte sind zudem besonders betriebsblinde Buchhalter. Wer nicht bewusst darauf achtet, nimmt die Einzahlungen des Partners auf das gemeinsame Beziehungskonto gar nicht mehr wahr. Irgendwann fallen selbst die angenehmsten Eigenschaften des einst so geliebten Menschen nicht mehr auf. Doch dagegen lässt sich zum Glück etwas tun. Wie Sie Ihre Wahrnehmung bewusst in eine positive Richtung lenken können, habe ich ja bereits beschrieben. Eine freundschaftliche, wohlwollende und wertschätzende

Haltung ist ohnehin das wichtigste Grundprinzip für eine erfüllte Partnerschaft.

Badezimmer putzen oder Rasen mähen?

Manche Einzahlungen fallen schwerer, andere fallen leichter. Einige sind nicht unbedingt freiwillig, müssen aber von irgendwem geleistet werden. Mancher klagt dann auch für die Überwindung eine Art Einzahlungsquittung ein: »Hast du gesehen, dass ich die Spülmaschine ausgeräumt habe?« Was angesichts der eben erwähnten Ungerechtigkeit bei der Erinnerung der Verdienste anderer gar nicht mal so dumm ist.

Wenn Sie sich wünschen, dass die familiären Aufgaben fairer verteilt werden, dürfen Sie über folgende Fragen nachdenken und einen jeweiligen Faktor bestimmen: Wer leistet wie viele Stunden Erwerbsarbeit? Wer bespaßt die Kinder? Wer kümmert sich um den Hund? Wer um die Oma? Berücksichtigen Sie auch, welche Aufgaben Ihnen beiden besonders schwerfallen. Für die einen die Steuererklärung, für die anderen das Reinigen des Badezimmers. Empfinden Sie Vokabelpauken mit den Kindern als besonders nervenaufreibend, schleppen aber als sportliches Konditionstraining gerne Getränkekisten in den vierten Stock oder mähen gerne den Rasen …? Dabei zählt das individuelle Erleben und nicht die Einschätzung von außen. Häufig ist einem Partner nicht bewusst, wie belastend die Verantwortung sein kann, den Lebensunterhalt der Familie allein zu bestreiten, oder welche Arbeiten dem anderen besonders zuwider sind. Manchmal ist die simple Lösung ein Tausch, also eine Umverteilung der Arbeiten oder wenigstens die gebührende Anerkennung des geleisteten Einsatzes. Achten Sie darauf, dass diese Arbeiten und Pflichten nie zur Selbstverständlichkeit werden, und quittieren Sie diese mit: »Danke, dass du das für uns tust.« Das tut Ihnen nicht weh und bedeutet Ihrem Partner vermutlich mehr, als Sie sich vorstellen können.

Wenn Sie Kinder haben

Überlegen Sie gemeinsam, welche Aufgaben Ihre Sprösslinge übernehmen könnten; das stärkt auch deren Selbstbewusstsein. Als meine Tochter noch ein Teenager war, hasste sie es, ihr Zimmer aufzuräumen, aber sie war ausgesprochen fit in Mathe und hatte Spaß im Umgang mit dem Computer. Ich hingegen räumte wesentlich lieber auf, als mich mit Buchhaltung und Statistik zu beschäftigen. Einmal darüber gesprochen, wurden wir uns schnell handelseinig, und jeder von uns konnte das tun, was ihm mehr Spaß machte.

Man kann sogar Bedürfnisse »tauschen«. So könnten Sie Verhaltensänderungen, die Ihnen wichtig sind, gegen Dinge eintauschen, die Ihrem Partner am Herzen liegen. Zum Beispiel: »Wenn du den Hobbykeller in Zukunft aufräumst, klopfe ich keine blöden Sprüche mehr über deine Schlagermusik.« – »Wenn ich die Wandfarbe bestimmen darf, hast du freie Hand, das neue Sofa auszusuchen.« Sie müssen nicht unbedingt verstehen, warum dem Partner dieses oder jenes so wichtig ist. Denken Sie stattdessen lieber darüber nach, wie eine für alle befriedigende Lösung aussehen könnte: »Wie können wir damit umgehen, dass wir so unterschiedliche Bedürfnisse haben? Hast du eine Idee, wie wir daraus eine Win-win-Situation basteln können?«

Die Handtaschenpunkte

Abmachungen müssen natürlich auch eingehalten werden – unabhängig davon, ob Konsens über die Dringlichkeit besteht oder nicht. Nicht eingehaltene Versprechen sind ein schmerzhaftes Signal an den Partner, nicht wertgeschätzt und respektiert zu werden.

Es gibt Abmachungen, die trotz bester Vorsätze immer wieder durchkreuzt werden. Bevor dies für alle frustrierend wird, könnten Sie einen Ausgleich schaffen. Mein Mann hat eigens zu diesem Zweck die Handtaschenpunkte erfunden. Er pflegte morgens eine Angewohnheit, die mich jedes Mal in den Wahnsinn trieb. Völlig entnervt (okay, auch Paartherapeutinnen sind nicht perfekt) fragte ich, wie oft ich ihm das schon gesagt hätte: »Ich fürchte, du schaffst es in diesem Leben nicht mehr, das erfolgreich zu ändern«, versuchte ich humorvoll, seinen Stolz zu kitzeln. »Nein, wahrscheinlich nicht«, lautete seine ehrliche Antwort. »Oh je, muss ich mich jetzt damit abfinden?« Ein wenig Enttäuschung lag in meiner Stimme, bis ich sein verschmitztes Lächeln sah. »Nein, ich habe da eine bessere Idee! Beim nächsten Mal, wenn ich das wieder mache, bekommst du einen Handtaschenpunkt. Und bei zehn Handtaschenpunkten kaufe ich dir eine neue Handtasche! – »Und ich darf sie mir aussuchen?« – »Na klar darfst du sie dir aussuchen. Bei meinem Handtaschengeschmack könnte das sonst ein schlechter Deal für dich werden«, sagte er lachend. Da brauchte ich nicht lange zu überlegen. »Wow, super! Das ist toll! Das können wir gerne so machen!« Ich war begeistert und bin es immer noch. Inzwischen gibt es auch Mufflonpunkte für meinen Mann, wenn ich einen Zickentag habe. Wie genau der Gegenwert von zehn Mufflonpunkten aussieht, und was sich hinter dem morgendlichen Fehlverhalten verbirgt, sei der Fantasie des Lesers überlassen. Das Wundervolle an den Handtaschenpunkten ist, dass ich nun manchmal morgens auf der Lauer liege und hoffe, dass er »es« wieder macht. So ändern sich die Zeiten!

Verantwortlich – auch für das, was wir nicht tun

Wenn Sie sich einer Lösung genähert haben, ist es wichtig, dass Sie – und Ihr Partner – keine Zusagen treffen oder Versprechen geben, die Sie nicht einhalten werden. Seien Sie ehrlich mit sich selbst und Ihrem Partner. Wenn Sie genau wissen oder auch nur befürchten, dass Sie nicht regelmäßig staubsaugen werden, sagen Sie es nicht zu. Das bedeutet im Umkehrschluss, dass Sie für die Deals, die Sie aushandeln und denen Sie zustimmen, die hundertprozentige Verantwortung übernehmen. Finden Sie eine praktikable Lösung, bevor das Ganze zu einem

Running Gag wird: »Wenn ein Mann sagt, er kümmert sich darum, dann tut er das auch. Dann braucht eine Frau ihn nicht einmal in der Woche, Monat für Monat und jahrelang damit nerven!«

Meine beste Freundin hat für solche Fälle das System der Handtaschenpunkte als Schuhpunkte adaptiert. Sie erhält mindestens einen Schuhpunkt, wenn ihr Mann eine Zusage nicht einhält – wenn sie beispielsweise nicht zum Yoga gehen kann, weil er später als geplant von der Arbeit kommt. In der Vergangenheit hätte sie sich furchtbar darüber aufgeregt und stundenlang geschmollt, heute sagt sie ihm mit einem breiten Grinsen: »Das kostet dich mindestens zwei Schuhpunkte!« Früher diskutierten die beiden endlos darüber, warum er es nicht schafft, pünktlich nach Hause zu kommen, und wozu sie so viele Schuhe braucht … Diese schöne Idee kann man in Restaurantpunkte, Massagepunkte, Hobbypunkte und vieles mehr abwandeln, da sind der Fantasie – und hoffentlich Ihrem Humor – keine Grenzen gesetzt.

Belohnungen sind wichtig!

Wenn es läuft wie gewünscht und alle sich an die getroffenen Vereinbarungen halten, ist »Belohnung« angesagt. Meiner Erfahrung nach sind Perfektionisten nicht besonders gut darin, andere zu loben, geschweige denn die eigenen Erfolge gebührend zu feiern. Loben und belohnen Sie in Zukunft andere und sich selbst für Erreichtes, statt zu kritisieren, wenn etwas nicht läuft. So erreichen Sie Ihre Ziele schneller und schaffen die wichtigste Grundlage für mehr Leichtigkeit und Liebe im Beziehungsleben.

Was Menschen brauchen, um sich geliebt zu fühlen, für wen Anerkennung besonders wichtig ist und wann ein intensives Gespräch mehr wert ist als ein kostbares Geschenk, das erfahren Sie gleich im Anschluss.

Nie wieder aneinander vorbeigeliebt

»Hab ich dir heute schon gesagt, dass ich dich liebe?«, hieß vor vielen Jahren ein Schlager von Chris Roberts. Es tut wahrscheinlich jedem gut, ab und zu ein paar liebevolle Worte zu hören. Trotzdem entfaltet derselbe Satz nicht bei jedem die gleiche Wirkung. Haben Sie auch schon einmal etwas besonders Liebevolles gemacht, und Ihr Partner hat ganz anderes reagiert, als Sie dachten? Oder umgekehrt: Haben Sie schon erlebt, dass Sie sich nicht wertgeschätzt fühlten, obwohl Ihr Partner das Gegenteil behauptete? Können Sie sich vorstellen, dass Sie Liebe und Wertschätzung vielleicht auf eine andere Weise ausdrücken als Ihr Partner?

Der Anthropologe Gary Chapman, dessen Modell ich hier schildere, geht davon aus, dass jeder seine persönliche »Sprache der Liebe« pflegt und dass man deshalb manchmal schlicht aneinander vorbeiredet. Chapman unterscheidet fünf verschiedene Sprachen der Liebe[27]:

- Lob und Anerkennung
- Zweisamkeit – die Zeit nur für dich
- Geschenke von Herzen
- Hilfsbereitschaft
- Zärtlichkeit

Ähnlich wie bei unterschiedlichen Muttersprachen kann es zu Problemen kommen, wenn die Liebespartner unterschiedliche Sprachen der Liebe gewohnt sind. Die meisten sind sich dessen nicht bewusst. Hilfreich für eine erfolgreiche Kommunikation in der Beziehung ist, wenn beide Partner die Liebessprache des anderen kennen und nutzen.

Chapman geht von der Vorstellung aus, dass sich in jedem Menschen seit dem Kindesalter ein »Tank der Gefühle« befindet, der stets mit Liebe gefüllt sein sollte. Bei Kindern ist dies die Voraussetzung für eine gesunde Entwicklung, aber auch Erwachsene fühlen sich wohler mit einem Tank voller Liebe. Insofern empfiehlt es sich, immer darauf zu achten, dass der Liebestank nicht leerläuft, da dies fatalere Folgen haben kann, als mit einem leeren Benzintank zu versuchen, Auto zu fahren.

Mit vollem Endorphin-Tank

Auf Wolke sieben ist es einfach: Frischverliebte platzen fast vor Glück – so voll ist ihr Endorphin-Tank. Wer verliebt ist, spürt, dass der andere sich für ihn interessiert, ihn anhimmelt. Verliebte schöpfen große Kraft daraus, dass sie für den Angebeteten der wichtigste Mensch sind, auf der Prioritätenliste ganz oben stehen und dass der andere viel Zeit und Aufmerksamkeit in die Beziehung investiert. Für manche Menschen ist diese Zeit das erste Mal, dass sie überhaupt einen Vorrat an Liebe und guten Gefühlen anlegen können; vor allem, wenn sie als Kinder die Nähe und Wärme der Eltern vermissten. Ist bei den Liebespartnern der Vorrat an Liebe aufgefüllt, genießen beide große Geborgenheit und festen Halt. Wenn die Turteltauben allerdings nicht die gleiche Liebessprache pflegen, können sich ihre Tanks schnell leeren, bis sich einer von beiden nicht mehr geliebt fühlt. Wird das Depot zusehends kleiner, folgen Schweigen, Rückzug oder Streit. Die Betroffenen können noch ein paar Jahre von alten Vorräten oder Erinnerungen zehren, doch irgendwann sind die Reserven bis auf den letzten Tropfen verbraucht, und nicht selten verlieben sich derartig Ausgehungerte in jemand anderen. Doch keine Sorge, Sie können die Sprache Ihres Partners erlernen und anwenden.

Welche Sprache sprechen Sie?

Dazu ist es hilfreich, zunächst herauszufinden, welche Sprache Sie selbst bevorzugen, denn erst kommt das ICH. Welches Verhalten Ihres Partners schenkt Ihnen das Gefühl, dass er Sie wertschätzt und liebt? Wenn er sich Zeit für Sie nimmt? Wenn er Ihnen etwas Besonderes schenkt?

Wenn er Ihnen ein tolles Kompliment macht? Wenn er Sie hingebungsvoll streichelt?

Die meisten meiner Klienten antworten auf diese Frage: »Oh, ich würde mich über alles freuen!« Ist ein Mensch ausgehungert, ist er nicht wählerisch, dann ist jede Nahrung willkommen.

Überlegen Sie, wie Sie Ihrem Partner zeigen, dass Sie ihn schätzen und lieben. Menschen neigen dazu, dem anderen das zu geben, was sie selbst bevorzugen würden. Dies entspricht leider nicht immer den Bedürfnissen des Partners. So konnte es passieren, dass ein Mann nach seinem Bürojob noch lange in der Küche werkelte, bis alles glänzte, um seiner Frau eine Freude zu bereiten, und diese wartete von Minute zu Minute enttäuschter auf dem Sofa, weil sie lieber Nähe und Zärtlichkeit tanken wollte. Eine saubere Küche bedeutete ihr nicht viel, die hätte sie am nächsten Tag auch allein in Ordnung gebracht. Als sie sich darüber austauschten, war der Mann sehr erstaunt, aber auch erleichtert, denn die Küchenarbeit tauschte er liebend gerne gegen Kuscheleinheiten auf dem Sofa ein.

Ergeht es Ihrem Partner vielleicht auch so? Was gibt ihm wohl das Gefühl, dass er Ihnen absolut wichtig ist, dass Sie ihn lieben und sich nach ihm verzehren? Haben Sie schon einmal darüber gesprochen? Vielleicht sind Sie zunächst noch unsicher, welche Sprache Sie beide im Einzelnen sprechen, aber je weiter Sie lesen, desto leichter wird es, diese Einteilung vorzunehmen.

Können Sie sich an die satten Zeiten am Anfang Ihrer Beziehung erinnern? Was haben Sie damals getan, um die Gunst des Liebsten für sich zu gewinnen? Und nachdem Sie das erste Mal miteinander gestritten haben, was haben Sie getan, um sich wieder zu versöhnen? Können Sie sich daran noch erinnern? Was haben Sie, als Sie frisch verliebt waren, investiert, um sich gegenseitig eine Freude zu bereiten? Es gibt so viele verschiedene Möglichkeiten, dem anderen eine Gunst zu erweisen. Schauen wir uns die fünf Bereiche nach Chapman etwas genauer an.

Lob und Anerkennung

Thema der ersten Sprache ist Anerkennung und Lob. Manche Menschen gehen mit Komplimenten geiziger um als mit Geld, andere, die mit dieser Muttersprache aufgewachsen sind, loben oft und viel. Sie erkennen die Leistungen anderer und formulieren das auch deutlich. Wenn Sie diese Sprache nicht beherrschen, fällt es Ihnen entsprechend schwer, anerkennende Sätze zu finden, geschweige denn, die berühmten drei Worte über die Lippen zu bringen. Dann heißt es üben, üben, üben! Loben Sie Ihren Partner, auch wenn das Ergebnis in Ihren Augen noch nicht perfekt ist. Komplimente zu machen ist gerade für Perfektionisten zu Anfang nicht leicht. Sie können Ihre Anerkennung aber auch einfach in Abwesenheit Ihres Partners aussprechen. So können Sie sich vorsichtig herantasten. Sagen Sie zum Beispiel einem Bekannten: »Respekt, da hat sich jemand aber echt ins Zeug gelegt.« Oder erwähnen Sie gegenüber den Kindern: »Das hat Mama/Papa wirklich toll gemacht!« Im nächsten Schritt könnten Sie versuchen, Ihr Lob gegenüber Dritten auszusprechen, wenn Ihr Partner anwesend ist – wenn Sie als Familie beisammensitzen oder bei einem gemeinsamen Abendessen mit Freunden.

Eine weitere Idee ist, anerkennende Worte aufzuschreiben: Vielleicht sogar als eine Art Dankeschön. Immer wenn Ihr Partner in Ihren Augen etwas geleistet hat, schreiben Sie es auf. Einmal aufgeschrieben, gewinnt Ihr Lob an Wirkung, insbesondere wenn Sie es später durchlesen. Sie können in Ruhe entscheiden, ob Sie diese Notizen Ihrem Partner einmal zeigen wollen. Üben Sie bei jeder Gelegenheit und schenken Sie auch Ihrem Spiegelbild hin und wieder ein anerkennendes Lächeln.

Zweisamkeit – die Zeit nur für dich

Menschen mit dieser Liebessprache fühlen sich besonders geliebt, wenn der Partner ihnen uneingeschränkte Aufmerksamkeit schenkt. »Nur du und ich« – das ist für diese Menschen von besonderer Bedeutung in ihrer Beziehung. Es genügt nicht, dass sich beide in einem Raum aufhalten. Echte Zweisamkeit und ein laufender Fernseher schließen sich meist aus, wenn Sie nicht gerade gemeinsam bei einem romantischen Film ins Taschentuch schniefen.

Was beschäftigt Sie beide, wie war der Tag, was steht an? Setzen Sie sich nebeneinander oder einander gegenüber, schauen Sie sich an und reden Sie miteinander. Das braucht ohnehin jedes Paar, und wer dieser speziellen Sprachkategorie angehört, braucht es besonders. Schenken Sie Ihrem Partner beide Ohren, beide Augen und Ihre ganze Aufmerksamkeit. Menschen, die diese Liebessprache sprechen, fühlen sich geliebt, wenn sie aus der Zweisamkeit Verständnis und das Gefühl der Zugehörigkeit schöpfen können. Wenn Sie diese Liebessprache bevorzugen, werden Sie es als besonders verletzend empfinden, wenn Sie in schwierigen Lebenslagen alleingelassen werden oder Ihr Partner während des Gesprächs immer wieder aufs Handy schaut.

Sie müssen übrigens nicht gemeinsam zu Hause sein, um sich Ihrem Partner zu widmen. Auch gemeinsame Unternehmungen, die dem anderen am Herzen liegen, können Zweisamkeit bedeuten. Liebt Ihr Partner Radtouren zu zweit? Dann lassen Sie sich darauf ein! Sie müssen diese Art der Freizeitbeschäftigung nicht selbst schätzen, aber die Liebe für Ihren Partner dürfen Sie durchaus so zeigen: »Weißt du, Schatz, ich mache mir nicht so viel aus dem Radeln. Aber wenn es dich glücklich macht, lass uns nächstes Wochenende eine Radtour unternehmen.« Natürlich funktioniert das Ganze nur, wenn der andere in der Lage ist, die »Liebesgabe« zu erkennen, und das »Opfer« auch mit Dankbarkeit und Freude annimmt.

Geschenke von Herzen

Dieser Liebestyp äußert Zuneigung und empfängt Liebe am leichtesten durch Geschenke. Das mag oberflächlich erscheinen, aber der materielle Wert der Geschenke steht nicht im Vordergrund. Menschen mit dieser Liebessprache suchen ein Symbol, etwas zum Anfassen, um ihre Wertschätzung und Liebe auszudrücken. Oft nehmen sie sich viel Zeit, um ein besonders individuelles und passendes Geschenk auszusuchen. Von Kindern kennen Sie die geduldig gepflückten Gänseblümchen, Selbstgebasteltes und Selbstgemaltes. Schon kleine Kinder drücken ihre Zuneigung über Geschenke aus, Gaben von Herzen, die Liebe symbolisieren.

Viele Menschen behaupten von sich selbst, sie seien nicht gut im Schenken. Wenn Sie sich zu diesen Menschen zählen, keine Sorge. Wenn Ihr Partner diese Liebessprache spricht, können Sie sie leicht erlernen. Sie können dazu wie folgt vorgehen: Schreiben Sie die Geschenke auf, über die sich Ihr Partner in der Vergangenheit gefreut hat – Geschenke von Ihnen, aber auch von anderen. Sie gewinnen so einen Eindruck, welche Geschenke Ihr Partner besonders mag, ob Überraschungen, Gutscheine, Selbstgemachtes, Unikate, Gebrauchsgegenstände, Kostbarkeiten … Ihr Ziel sollte sein, das Geschenk zu entdecken, mit welchem Sie Ihrem Partner die größte Freude bereiten. Vielleicht stoßen Sie auf eine Art von Geschenk, mit der Sie nicht gerechnet hätten – nämlich das Ihrer eigenen Gegenwart. Wenn Sie in wichtigen Situationen, wenn Ihr Partner Sie braucht, bei ihm sind und mit ihm fühlen, ist das eine eindeutige Liebesbotschaft. Insofern stellt Zweisamkeit, um die es in der zweiten Sprache ging, auch ein Geschenk dar.

Ein liebevoller Ehemann löste das Problem, eine sehr anspruchsvolle Frau zu haben, auf humorvolle Art. Nachdem er Ihr teure Geschenke gemacht hatte, die ihrem Geschmack nicht entgegenkamen, einigten sie sich darauf, in Zukunft Schmuck und Handtaschen gemeinsam zu kaufen. Unter den Tannenbaum legte er zusätzlich ein nicht gemeinsam erstandenes Geschenk. Ausgerechnet Pralinen, stöhnte die Beschenkte innerlich, nachdem Sie das Paket geöffnet hatte. »Mach doch mal auf!«, ermutigte sie der wissende Gatte. »Und dann auch noch Feodora!«, dachte sie genervt, während sie das Cellophan beiseiteschob. Pralinen dieser Marke waren so gar nicht ihr Geschmack. Trotzdem öffnete sie brav die Schachtel und staunte nicht schlecht, denn ihr Mann hatte wider Erwarten nicht nur ihren Geschmack getroffen, er hatte seine Frau auch elegant in die Irre geführt und zum Lachen gebracht. Selbst als sie mir Jahre später die Geschichte erzählte, staunte sie noch über seine liebevolle Idee: Er hatte sie gefoppt, alle Pralinen fein säuberlich aus den Hüllen entfernt und Stück für Stück durch ihre große Süßigkeiten-Schwäche ersetzt: Haribo Colorado.

Hilfsbereitschaft

»Brauchst du irgendetwas? Sag einfach Bescheid, dann helfe ich dir.« So ticken Menschen, die diese Liebessprache beherrschen. Sie helfen gern und äußern so ihre Zuneigung und Liebe. Nicht der Umfang der Hilfe, sondern die Geste der Hilfsbereitschaft ist von Bedeutung. In einer Beziehung können das elementare Hilfen, aber auch kleine Dienstleistungen sein. Menschen dieser Liebessprache schätzen und lieben, wenn ihnen selbst Hilfsbereitschaft entgegengebracht wird, wie eine helfende Hand bei Arbeiten im Haushalt oder Botengänge. Wenn der Partner – aus welchen Gründen auch immer – nicht mehr hilft, kommt dies dem anderen wie Liebesentzug vor. Zu Beginn der Beziehung legen viele mehr Hilfsbereitschaft an den Tag als später. Das wusste auch schon Henry Ford: »Wenn der Mann der Frau die Autotür aufhält, ist entweder das Auto neu oder die Frau.«

Das Nachlassen der Hilfsbereitschaft kann zu Enttäuschung und Verunsicherung beim anderen führen: »Ich bekomme keine Hilfe mehr, also werde ich nicht mehr geliebt!« Das kann unbeabsichtigt auch dann passieren, wenn die Hilfe aus guten Gründen eingestellt wurde – zum Beispiel, weil ein Projekt oder eine schwere Krankheit überstanden sind.

Falls Sie sich oder Ihren Partner an dieser Stelle wiedererkennen, könnten Sie einmal notieren, was Ihnen wichtig ist. Schreiben Sie einen Wunschzettel mit Hilfsleistungen, die Ihnen das Gefühl geben würden, dass Ihr Partner Sie liebt – zum Beispiel bekocht zu werden, morgens

Kaffee ans Bett, die Tochter vom Sport abzuholen, mit dem Steuerberater zu telefonieren oder den Koffer von der Dienstreise auszupacken. Je konkreter die Liste, desto besser. Anschließend sprechen Sie mit Ihrem Partner darüber. Möglicherweise ist er ahnungslos, welche Freude Ihnen diese Hilfen bereiten würde. Vielleicht glaubte er sogar, dass Sie zu emanzipiert seien, um sich helfen zu lassen.

Zärtlichkeit

Die Muttersprachler dieser Liebessprache sind wahre Kuschelbären und Schmusekatzen. Für sie sind Berührungen in der Beziehung von großer Bedeutung; über Zärtlichkeiten und Streicheleinheiten drücken sie ihre Liebe aus. Rückenkraulen, Schulter- und Fußmassagen bedeuten ihnen mehr als Worte. Jede Art von Berührung und auch Sex sind für sie die deutlichsten Liebesbeweise.

Wenn Sie unsicher sind, ob Ihr Partner diese Liebessprache gut versteht, probieren Sie es aus. Berühren Sie ihn zwischendurch zärtlich, legen Sie die Hand auf seinen Arm oder die Schulter, streichen Sie ihm liebevoll über die Wange. Probieren Sie es einmal in der Öffentlichkeit aus, aber achten Sie auf die Reaktion. Nicht allen Menschen behagt der Austausch von Zärtlichkeiten vor Publikum. Wenn Sie es nicht mehr gewohnt sind, sich gegenseitig zu berühren, dürfen Sie sich im wahrsten Sinne des Wortes herantasten!

Menschen mit starkem Sexualtrieb neigen dazu, ihre Lust auf Sex mit dieser Liebessprache gleichzusetzen. Wenn Ihnen Zärtlichkeiten, die nicht auf Sex ausgerichtet sind, wenig bedeuten, handelt es sich nicht um Ihre persönliche Liebessprache. Der Austausch von Zärtlichkeiten kann zu Sex führen, aber Sexualtrieb und das Bedürfnis nach Liebe sind nicht das Gleiche. Näheres zum Thema Sex finden Sie im Abschnitt »Lust statt Frust«.

Welche Liebessprache spricht Ihr Partner?

Vielleicht haben Sie inzwischen eine Idee, welches Ihre persönliche Liebessprache oder die Ihres Partners sein könnte. Nicht alle Menschen sprechen eine einzige Sprache der Liebe, manche sind zweisprachig. Einigen fällt es nicht so leicht, diese Spracheneinschätzung sicher vorzunehmen, vor allem wenn das Liebesreservoir schon länger leer ist. Andere haben resigniert und können sich nicht mehr daran erinnern, welches ihre Muttersprache der Liebe sein könnte. Wenn dies bei Ihnen der Fall ist, versetzen Sie sich in frühere Zeiten zurück. Was mochten Sie an Ihrem Partner zu Beginn der Partnerschaft am meisten? Was fanden Sie besonders anziehend? Was hat er damals Wunderbares zu Ihnen gesagt, was hat er Zauberhaftes für Sie getan? Vielleicht hilft Ihnen die folgende Fragestellung auf die Sprünge: »Ich fühlte mich von meinem Partner am meisten geliebt, als …«

Auch diese Fragen könnten hilfreich sein: Wonach sehnen Sie sich bei Ihrem Partner am meisten? Worum bitten Sie Ihren Partner regelmäßig? Womit liegen Sie ihm in den Ohren? Eine weitere diagnostische Frage wäre, was Sie am Verhalten Ihres Partners am meisten kränkt. Beschenkt er Sie zu selten? Erhalten Sie keine kleinen Aufmerksamkeiten? Dann ist Ihre Liebessprache vermutlich die der Geschenke von Herzen. Aus der Kritik Ihres Partners können Sie wiederum Rückschlüsse auf seine individuellen Bedürfnisse und seine Liebessprache ziehen.

Falls Sie bisher mit Ihrem Partner auf unterschiedlichen Frequenzen gesendet haben, sollten Sie keine Angst haben. Sie müssen keinen Flirtkurs belegen, um Komplimente zu machen. Sie müssen kein Massageexperte, kein Fan von Steuererklärungen oder Putzorgien werden – oder was auch immer Ihren Schatz beglückt! Doch wenn Sie sich auf die Liebessprache Ihres Partners einlassen, berühren Sie sein Herz. Im Gegenzug wird er sich bemühen, Ihren Liebestank zu füllen, und so wird das Erlernen der anderen Sprache zu einer emotionalen Investition, die sich für beide auszahlt. Das gilt auch für »die schönste Nebensache« der Welt, um die es gleich im Anschluss geht.

Lust statt Frust

Zu selten Sex, schlechter Sex, bis hin zur kompletten Flaute im Schlafzimmer ... kaum ein anderes Thema birgt so viel Brisanz und lässt an widersprüchlichen Emotionen selbst die besonnensten Charaktere verzweifeln. Ganze Bücherregale lassen sich mit einschlägigen Ratgebern füllen, die dem Leser die ersehnte Wunderlösung versprechen. Während in jeder Frauenzeitung ein Rezept zum Abnehmen prangt, findet sich in den meisten Elternzeitschriften ein Artikel zum Thema Lustlosigkeit. Auch wenn wir es gerne anders hätten: Die Libido ist ein sehr komplexes Thema, hängt von unterschiedlichen Faktoren ab und lässt sich weder erzwingen noch mit Patentrezepten kurieren. Streit, Stress, Unzufriedenheit mit dem eigenen Körper und viele weitere Faktoren haben immensen Einfluss auf das Liebesleben.

Auch wenn es sich vielleicht so anfühlt: Sie sind dem Ganzen nicht hilflos ausgeliefert und können mehr tun, um den Sex in Ihrer Partnerschaft zu verbessern, als Sie vielleicht glauben. Sie können sogar relativ schnell zu Ergebnissen gelangen, wenn Sie beide bereit sind, sich darauf einzulassen. Für eine erfüllte Sexualität dürfen Sie Zeit, Aufmerksamkeit und Kreativität investieren und – ja, lachen Sie nur – Durchhaltevermögen zeigen. Auch wenn es unsexy erscheinen mag: Ohne Planung und Kommunikation, ohne Zeit und Geduld und ohne fantasievolle neue Ideen funktioniert es nicht.

Sexprobleme sind fast immer ein Symptom

In den meisten Fällen sind Probleme mit der Sexualität eine Begleiterscheinung anderer Partnerschaftskonflikte oder Persönlichkeitskrisen wie Stress, Burnout oder Depressionen. Der Körper streikt, weil sein Besitzer wichtige Warnsignale missachtet hat. Sexprobleme treten höchst selten isoliert auf und lösen sich häufig fast wie von selbst, wenn die notwendigen Veränderungen mutig angegangen werden. Oft handelt es sich um eine Art physisch fortgesetzte Mauer des Schweigens. Auch wenn das so manchem befremdlich erscheinen mag: Meist ist der Sexentzug nichts anderes als eine Retourkutsche und unterbewusste Bestrafung des Liebespartners.

Ist Ihre Sexualität der Bereich, in dem Sie besonders sensibel und zutiefst verletzbar sind? Können Sie sich vorstellen, dass Sie mit Sex große Macht über Ihren Partner haben – Sie können ihn verletzen und demütigen, aber auch glücklich machen, stärken und bestätigen? Egal, ob Sie dafür einen Babysitter beauftragen, einen Abendtermin absagen oder über Ihren Schatten springen dürfen: Investitionen in die Sexualität lohnen sich früher oder später immer.

»Normal« gibt es nicht

»Meiner Frau reicht Sex einmal im Monat« – »Er will ständig, ich nie.« Was normal oder richtig ist, lässt sich nicht pauschal beantworten. Da sagt der Rheinländer: »Jede Jeck is anders, und jede Jeck is anders jeck!«

Studien zufolge führt bei Menschen in einer festen Partnerschaft regelmäßiger Sex zu mehr Lebensfreude und Leichtigkeit. Erstaunlicherweise steigt die Zufriedenheit nicht unendlich an, je häufiger ein Paar lustvolle Nähe miteinander erlebt. Bei einer Sexfrequenz von einmal in der Woche sind die Partner statistisch gesehen besonders glücklich, und zwar unabhängig von Alter und Geschlecht sowie Dauer der Beziehung. Die Zufriedenheit sinkt bei weniger Sex als einmal in der Woche, bei höherer Frequenz steigt sie aber nicht weiter an.

Sexualität verändert sich

Nicht nur die Häufigkeit, auch andere Aspekte des Liebeslebens verändern sich im Laufe einer Beziehung. So wie eine Beziehung selbst verschiedene Phasen durchläuft, ist dies auch für die Sexualität der Fall.

Die Frequenz sexueller Begegnungen nimmt nach der ersten Verliebtheit meist deutlich ab. Der Alltag hält für manche Paare brutal Einzug ins Schlafzimmer, aufregende Experimente werden zu eingeschliffenen Routinen. Resigniert, müde und abgearbeitet, werden Fernseher oder andere ablenkende Medien bevorzugt. So wächst der Frust, bei manchen Paaren Jahr um Jahr, ohne nennenswerte Veränderungen. Oft sucht irgendwann einer von beiden Abwechslung in einem Seitensprung oder stolpert (fast) ungewollt in eine Affäre.

Findet kein Austausch von Zärtlichkeiten mehr statt, macht sich Unzufriedenheit breit, beginnt das Genörgel, und es kommt zum Streit bis hin zu ständigen Machtkämpfen. Spätestens zu diesem Zeitpunkt müssen beide dringend miteinander reden, wenn sie ihre Liebe und Sexualität nicht völlig zerstören möchten. Aber selbst langjährige Partner haben oft keine tauglichen Vokabeln für ihre intimen Zonen und körperlichen Reaktionen, geschweige denn für erotische Empfindungen und Bedürfnisse. Obwohl die moderne westliche Gesellschaft vom Sex durchdrungen ist – vor allem im Internet –, wird in den entscheidenden Situationen nicht darüber gesprochen, als ob es mit einem Tabu belegt wäre.

Könnten Sie spontan formulieren, was Ihnen beim Sex am wichtigsten ist? Und es offen aussprechen? Ich meine das konkret: Vorspiel, Stellungen, zart, hart, schnell oder langsam? Haben Sie mit Ihrem Partner über Ihre intimen Wünsche und No-Gos gesprochen? Für eine erfüllende Sexualität und eine funktionierende Partnerschaft ist es wichtig, zu wissen, was Sie wollen, und das auch auszudrücken.

Unterschiedliche Bedürfnisse

Für manche Menschen ist Sex nicht so wichtig. Körperliche Liebe ist ihnen nicht unangenehm, aber sie brauchen diese nicht, um sich zufrieden zu fühlen. Das ist kein Problem, wenn der Partner nicht einen viel größeren sexuellen Appetit hat und sich in Sachen körperlicher Liebe permanent unterversorgt fühlt. Für den schmachtenden Partner ist es wichtig, zu verstehen, dass sich die schwächere Libido des anderen nicht gegen ihn als Person richtet. Mancher braucht einfach weniger Sex. Der Partner mit dem geringeren Bedürfnis könnte sich überlegen, wie weit er seinem ausgehungerten Partner entgegenkommen und aktiver werden kann – ihm zuliebe. Unbefriedigte Sexualität ist nicht nur gefühlsmäßig, sondern auch körperlich frustrierend, sie wirkt wie eine Mangelernährung auf den Körper, ähnlich wie bei Hunger oder Durst. Eine weitere Analogie zum Essen: Der Appetit kommt beim Essen, was dem sexmuffeligen Partner seinen Liebesdienst erleichtern kann. Die Kunst besteht darin, eine Balance zu finden, mit der beide zufrieden sind.

Manche Frauen missachten tagtäglich ihre eigenen Bedürfnisse und opfern sich für Familie und Job auf, bis ihre Lust sich irgendwann völlig verabschiedet. Die Arbeit mit einem Therapeuten oder einem Arzt kann klären, woher der Libidoverlust genau kommt. Viele meiner Klientinnen reagierten mit Lustverlust auf die Einnahme der Pille. Falls Ihr Gynäkologe rät, dies in Kauf zu nehmen, sollten Sie dringend den Arzt wechseln! Sexualität ist ein bedeutsamer Teil eines Menschen. Wird das sexuelle Begehren nicht erwidert, leidet das Selbstbewusstsein. Auch der andere, dessen Lust sich verabschiedet hat, leidet darunter, meist nur weniger bewusst.

Eine Sex-Bestandsaufnahme

- Wie viel Sex haben Sie und wie viel hätten Sie gerne?
- Was hindert Sie?
- Mögen Sie den Körper Ihres Partners (noch)?
- Mögen Sie Ihren eigenen Körper? Wenn nein, warum nicht?
- Was könnten Sie tun, um dieses Verhältnis zu verbessern?
- Gibt es Verletzendes in der Art, wie Ihr Partner Sie als Mann oder Frau behandelt?

- Was verletzt Sie: Äußerungen, Handlungen oder unterlassene Handlungen?
- Was möchten Sie in Ihrem sexuellen Leben haben?
- Was möchten Sie nicht mehr haben?
- Wie können Sie das am besten umsetzen?
- Brauchen Sie Hilfe? Wer könnte Sie am besten unterstützen?

Sex im Alltag

Der Ratschlag, Sex genau zu planen, lässt viele anfangs das Gesicht verziehen. Sind auch Sie der Überzeugung, dass guter Sex unbedingt spontan sein muss?

Im gemeinsamen Alltag entwickeln sich zwischen Beruf, Haushalt und anderen Verpflichtungen mit der Zeit immer mehr Gewohnheiten und Routinen. Die Sexualität kommt in diesem Alltagsgefüge schnell zu kurz, wenn sie nicht aktiv eingeplant wird. Wie war es dagegen am Anfang der Beziehung? Als Sie sehr verliebt waren, haben Sie sich da nicht ab einem gewissen Punkt Ihre nächste Begegnung ausgemalt? Sich schön gemacht, rasiert, parfümiert und sich voller Vorfreude mit Bereitschaft zum Sex getroffen? Das war dann auch nicht wirklich spontan.

Liebe(n) ist ein Gefühl, aber auch ein Verb

Frischverliebte suchen fast ständig Körperkontakt, bewusst und unbewusst. Sie küssen und umarmen einander. Sie legen sich die Hand auf Arm, Bein oder Schulter, halten Händchen und streicheln einander. Beobachten Sie einmal sich und Ihren Partner: Finden bei Ihnen noch zärtliche Berührungen statt oder haben Sie sich das abgewöhnt? Investieren Sie in Ihre Beziehung und fangen Sie wieder an, einander zu berühren, auch wenn es Ihnen zunächst schwerfällt. Lust ist manchmal eine Überwindungsprämie.

Eine ebenso wichtige Investition wie Berührungen ist Offenheit. Reden Sie miteinander, so oft wie möglich! Am Anfang werden die Gespräche vielleicht noch nicht sofort ins Paradies führen, aber können der Grundstein für erfüllende Begegnungen sein. Immer wieder erlebe ich, dass Partner mit Sexproblemen nicht voneinander wissen, was sie sich so sehnlich wünschen. Ihr Partner kann höchstens vermuten, was Sie brauchen, wenn Sie es ihm nicht sagen. Nicht selten denkt einer von beiden, das gemeinsame Sexleben wäre in Ordnung, während der andere still vor sich hin leidet. Eine meiner Klientinnen gestand mir, dass sie ihren Mann bereits seit Jahren anlog, wenn er sie hinterher fragte, wie es für sie war. Es war schon beim ersten Mal so schrecklich, dass sie ihn verlassen wollte, aber sie brachte es nicht über sich, ihn derart zu verletzen. Lieber litt sie selbst. Nach zwei Kindern und jahrelangem Ausharren und Leiden fand sie in meiner Praxis endlich den Mut, ihrem Mann reinen Wein einzuschenken. Er war zutiefst erschüttert, und ich war froh, dass die beiden einen ganzen Tag bei mir waren. Bis sie Sex zusammen genießen konnten, dauerte es eine Weile, aber als sie ein halbes Jahr später zur Nachbesprechung in meiner Praxis erschienen, traute ich meinen Augen kaum: Abgesehen davon, dass sie Hand in Hand die Treppen hochkamen, sahen beide deutlich jünger aus, als hätten sie die Zwischenzeit in einem Jungbrunnen verbracht.

Wünsche und geheime Fantasien

Vertrauensvollen Zugang zu sexuellen Wünschen und geheimen Fantasien zu gewähren, ist das intimste Geschenk, das man dem Liebespartner geben kann. Ein solcher Vertrauensbeweis ist einzigartig und unbezahlbar. Menschen, die sich mit dem Partner über ihre Sexualität nicht austauschen, haben entweder Angst davor, wie der andere reagiert, oder sie scheuen davor zurück, etwas Neues auszuprobieren. Erziehung, Erfahrung und Prägung spielen dabei eine wichtige Rolle. Offen und ehrlich zu äußern, was gefällt und was nicht, macht verletzlich und angreifbar. Brené Brown, eine amerikanische Autorin, hat sich mit der Frage beschäftigt, was Menschen souverän sein lässt, und sie stellte fest, dass Verletzlichkeit der wichtigste Schlüssel zu einer starken Persönlichkeit ist: »Unsere Bereitwilligkeit, zu unserer Verletzlichkeit zu stehen und sie zuzulassen, bestimmt das Ausmaß unseres Muts und der Klarheit, mit der wir unser Ziel sehen ... Wenn wir in unserem Leben darauf warten, irgendwann einmal perfekt oder unverwundbar zu sein, bevor wir in die Arena treten, opfern wir letztlich Beziehungen und Gelegenheiten, die vielleicht nie wiederkehren.«[28] Wer nicht wagt, der nicht gewinnt – und bei wem sollten Ihre Geständnisse besser aufgehoben sein als bei Ihrem Lebenspartner?

Der Stadtplan

Wie wäre es, Ihrem Partner einen individuellen Stadtplan Ihrer Sexualität zu erstellen? Er würde sich viel besser zurechtfinden. Der Stadtplan könnte zum Beispiel folgende Eckdaten enthalten:

- Zum Sex mit mir musst du vor allem wissen, dass ...
- Nicht so gerne mag ich ...
- Sehr mag ich ...
- Ich wünsche mir von dir vor allem mehr ...
- Das wünsche ich mir an folgendem Ort: ...
- Am Sex mit dir gefällt mir am besten ...
- Das finde ich in meiner Fantasie spannend, weiß aber noch nicht, ob es mir auch in der Realität gefällt ...

Warum hat es die Lust so schwer?

Vielen Paaren geht nach einigen Jahren Beziehung die Lust verloren oder sie nimmt zumindest stark ab. Junge Eltern sind besonders betroffen: Ein Tiefpunkt, was die Zufriedenheit mit Beziehung und Sexualität betrifft, ist etwa ein Jahr nach der Geburt des ersten Kindes erreicht. Eine Ursache ist so etwas wie Trotz: Wenn du mir nicht gibst, was ich brauche, gebe ich dir auch nicht, was du willst. Eine entscheidende Rolle spielen aber auch die Hormone: Im Körper der Frau wird durch die Mutterschaft Oxytocin gebildet, das die Bindung zum Kind unterstützt und nicht umsonst Kuschelhormon genannt wird. Vielen Frauen ist eher nach zärtlicher Nähe zumute, als dass ihr Körper nach geilem Sex verlangt. Druck seitens des ausgehungerten Mannes bewirkt dann leider das ganze Gegenteil vom erwünschten Effekt, die Frau zieht sich mehr zurück und erstickt jede Annäherung im Keim.

Beim Verliebtsein steigt bei der Frau der Testosteronspiegel, was ihre Lust entfacht, beim Mann sinkt der Testosteronspiegel leicht. Das ist praktisch, denn auf diese Weise empfinden beide ihre Lust im Gleichklang. In den Jahren danach hilft die Natur nicht mehr so vortrefflich nach, das Gleichgewicht geht wieder verloren. In meiner Praxis habe ich am häufigsten diese Konstellation beobachtet: Männer haben Lust auf Sex, weil sie diesen zum Ausgleich brauchen und um sich geliebt zu fühlen. Ihre Frauen entwickeln lustvolle Gefühle aber nur dann, wenn sie sich ausgeglichen und geliebt fühlen.

Oxytocin wird auch beim Sex ausgeschüttet, was kurz nach dem Höhepunkt zu Kuschellaune führt. Außerhalb der Beziehung nach sexueller Erfüllung zu suchen, ist deshalb hormonell selten eine gute Lösung, denn oft zieht ein sexuelles Abenteuer, angestachelt von Oxytocin, eine ungewollte emotionale Bindung bis hin zur Verliebtheit nach sich. Beim Sex werden noch diverse andere Hormone ausgeschüttet, die Lust auf mehr machen. Hat man lange keinen Sex, werden auch weniger Lust entfachende Hormone ausgeschüttet. Daraus ergibt sich das unpraktische Prinzip: Je mehr Sex man hat, desto mehr steigt das sexuelle

Begehren, je weniger Sex man hat, desto mehr verliert man das sexuelle Begehren.

Schluss mit der Langeweile

Erotisches Verlangen aufrechtzuerhalten ist eine so große Herausforderung, weil es gilt, zwei gegensätzliche Kräfte unter einen Hut zu bringen. Das größte emotionale Bedürfnis des Menschen ist Sicherheit. Danach folgen Wachstum, Entwicklung, Herausforderung und Abenteuer – also Unsicherheit. Eine wichtige Voraussetzung für guten Sex ist neben dem richtigen Hormonmix immer mal wieder der Reiz des Neuen. Keine Sorge, das muss nicht gleich ein neuer Partner sein, denn Sex mit einem neuen Partner ist nicht zwangsläufig erfüllend. So wie Sex mit einem vertrauten Partner nicht automatisch langweilig ist. Eine wichtige Voraussetzung ist, dass beide in der Lage sind, ihre Wünsche zu benennen, zu artikulieren und sich auszuprobieren. Auch in langen Beziehungen existieren zahlreiche Möglichkeiten, immer wieder Neues zu entdecken, den Spielgefährten zu überraschen und gemeinsam (statt allein) auf Erkundungstour zu gehen. Eine amerikanische Autorin hat die Probe aufs Exempel gemacht und mit ihrem Mann ein einzigartiges »Sexperiment« gewagt. In ihrem Buch »52 Verführungen: Ein Paar holt sich die Lust zurück« beschreiben Betty und Herbert (mehr geben die Autoren verständlicherweise von ihren Namen nicht preis), wie sie nach zehn Jahren Ehe ihr eingeschlafenes Sexualleben wieder in Schwung brachten, indem sie sich dazu verpflichteten, einmal pro Woche etwas Neues in Sachen Sex auszuprobieren.[29]

Es muss nicht gleich jede Woche sein, aber bringen Sie Überraschungen und Ungewohntes in Ihr Sexleben, denn Alltagstrott und die ewig gleichen Gewohnheiten sind selten sexy. Für alle, bei denen Sex auf der Liste der Prioritäten eine rasante Talfahrt erfahren musste: Holen Sie sich diesen beglückenden und zutiefst erfüllenden Teil ihres Lebens zurück. Geben Sie Ihrem Liebesleben wieder mehr Raum in Ihrem Terminkalender. Es kommt Ihnen sicherlich befremdlich vor, aber es hat sich tatsächlich bewährt, selbst für guten Sex einen Jour fixe in der Woche (oder wenigstens alle zwei Wochen) einzurichten – vor allem für junge Eltern.

Dschinn und Dschinnie

»Wie du wünschst, Meister!« Kennen Sie diesen Spruch der »Bezaubernden Jeannie« –anders als unsere Dschinnie mit langem »I« gesprochen? In der gleichnamigen Serie aus den Sechzigerjahren findet ein Astronaut auf einer einsamen Insel eine verzauberte Flasche mit einer eingesperrten Dschinnie darin. Obwohl er sie in die Freiheit entlässt, bleibt sie bei ihm und verspricht, fortan all seine Wünsche zu erfüllen. Dabei geht einiges schief, weil sie versucht, seine Wünsche zu erahnen, statt seine Bitten zu erfüllen.

Beim Sex kann das passieren, wenn Bedürfnisse nicht klar formuliert werden oder der Partner diese erraten soll. Lassen Sie den Geist aus der Flasche! Verabreden Sie ein Date und grenzen Sie die Dauer ein, vielleicht zunächst nur ein oder zwei Stunden. Abends, am Wochenende oder wann auch immer – Hauptsache, beide sind einverstanden. Das Spiel – als solches sollte es betrachtet werden – kann beginnen: Einer ist Dschinnie (oder Dschinn), der andere der Meister (oder die Herrin). Während der gesamten Spielzeit muss der Dschinn den Wünschen seiner Herrin nachkommen. Diese können breit gefächert sein und müssen nicht gezwungenermaßen mit Sex zu tun haben. So kann die Herrin ein Schaumbad verlangen oder Dschinn soll ihr vorlesen, sie bekochen und im festlich geschmückten Wohnzimmer ein feines Abendessen anrichten; oder aber sinnliche Vergnügen wie Massagen, Kuscheln oder Streicheln – es orientiert sich an den Vorlieben von Meister/Herrin und nicht am Geschmack von Dschinn/Dschinnie. Die Gebieterin darf bestimmen, wie der Abend ihrer Regentschaft abläuft, und teilt dies dem Befehlsempfänger mit. Grenzen sollten zuvor gezogen werden –

Dschinns sind keine Sklaven und sollen nicht leiden. Die Begegnung dient auch nicht dazu, dem Dschinn zu gefallen, er soll allein die Anweisungen genauestens ausführen. Die Gebieterin hat ihrerseits die Aufgabe, sich zu überlegen, was ihr gefällt, genaue Hinweise zu erteilen und im Bedarfsfall diese zu präzisieren: »Nein, da nicht, lieber da, nein, ein wenig fester, jetzt lieber da, oh ja, so ist es angenehm ...«

Am nächsten Tag tauschen Sie sich darüber aus, wie Ihre Begegnung verlaufen ist. Nicht immer ist es für beide in derselben Weise angenehm oder anregend. Das muss es auch nicht. Entscheidend ist, dass Sie ehrlich und offen besprechen, wie genau Sie sich gefühlt haben.

Wenn ich Paaren in meiner Praxis diese Idee unterbreite, ist eine typische Reaktion bei Frauen, dass ihr Mann bestimmt keine Lust auf so eine Spielerei habe. Tatsächlich ist der Mann meist neugierig und voller Vorfreude, weil er endlich einmal nicht erahnen muss, was seine Frau will. Männer haben, auch wenn einige sich in der Wahrnehmung ihrer Frauen ungeschickt anstellen, ein ernsthaftes Interesse daran, zu erfahren und zu erfüllen, was diese sich wünschen. Viele Frauen unterschätzen das Bedürfnis ihrer Männer, sie glücklich zu machen.

So beschwerte sich eine Frau in meiner Praxis vor einigen Jahren bitterlich, wie schlecht ihr Partner im Bett sei und wie wenig dieser Klotz auf ihre Bedürfnisse eingehe. Der so Gescholtene war zutiefst erleichtert, als ich den beiden einen Dschinn-Abend verordnete. Endlich wäre er aus der Verantwortung und würde erfahren, was sie wirklich brauchte. Als es so weit war, ließ sie sich eine Stunde lang von ihm die Haare kämmen, weil ihr nichts anderes einfallen wollte. Eine bittere Erfahrung für sie, denn sie konnte sich nicht länger vor der Erkenntnis drücken, dass es nicht an ihrem Partner lag, auf den sie die Schuld geschoben hatte. Da sie offensichtlich selbst keine Ahnung hatte, was sie wollte und brauchte – woher sollte es ihr Partner wissen?

Es ist äußerst wichtig, die Begegnung ohne Druck anzugehen. Es kann unspektakulär anfangen: »Ich hätte gerne ein Käsebrot.« Geben Sie dem Dschinn genaue Instruktionen, er soll nicht hellsehen: »Bitte eine dünne Scheibe von dem frisch gekauften Brot mit wenig Butter und einer kleinen Ecke Brie.« Die Idee dahinter: Sie sollen erspüren, was Sie möchten, und es dann genau kommunizieren.

Tauschen Sie die Rollen

Es macht übrigens nur Sinn, wenn Sie einen verbindlichen Termin für Ihren Zauberabend ausmachen. Wenn Sie nicht wirklich wollen und immer wieder nach Ausreden suchen, sollten Sie ehrlich zu sich und Ihrem Partner sein. Vielleicht hilft es dann, die No-Gos enger zu setzen, denn auch die Vorbereitung ist schon Teil der Übung. Während des Treffens kann sich der genaue Ablauf spontan ergeben. Bitte behalten Sie im Hinterkopf, dass Sie egoistisch sein dürfen, wenn Sie an der Macht sind. Es geht nicht darum, mit den Wünschen die Bedürfnisse des Dienenden zu erfüllen! Zwingen Sie Ihren Partner aber auch nicht zu etwas wie einem Besuch im Swingerclub, es sei denn, Sie haben beide Vergnügen daran. Und selbstverständlich darf sich der Regierende auch etwas wünschen, ohne die Garantie zu geben, dass es das Lustempfinden steigern wird. Es darf experimentiert, ausprobiert und gelacht werden. Bei Ihrem nächsten Treffen tauschen Sie die Rollen. Wer beim letzten Mal Dschinn war, ist nun an der Macht.

Zeit zu zweit – woher nehmen?

Um die Liebe wieder erblühen zu lassen, ist es nicht nur wichtig, sich in Konfliktsituationen achtsam zu verhalten, sondern auch im Alltag emotionale Nähe bewusst zu pflegen. Sich ab und zu in den Arm nehmen, mal wieder Hand in Hand spazieren gehen oder ohne besonderen Anlass eine herzliche Botschaft senden: Es gibt so viele Möglichkeiten einander Wertschätzung zu zeigen. Beziehungsforscher konnten mit jahrzehntelangen Feldstudien nachweisen, dass die kleinen liebevollen Dinge im Alltag, die Dankbarkeit und Wertschätzung ausdrücken, ein großer Booster für glückliche Beziehungen sind. »In guten wie in schlechten Zeiten«, heißt es so schön. Deshalb ist es nicht nur ratsam, für schlechte Zeiten gute Strategien zu entwickeln, sondern die guten Zeiten ausgiebig zu zelebrieren, zu genießen und dafür dankbar zu sein. Wenn Sie sich momentan noch viel zu selten in den Arm nehmen, der letzte Sex lange her ist und Sie häufig aus banalen Gründen aneinandergeraten, dürfen Sie überdenken, wie viel Zeit Sie als Paar eigentlich miteinander verbringen. Damit ist tatsächliche Paarzeit gemeint – nicht Zeit, die sie als Eltern, Arbeitskollegen oder Mitglieder eines Vereins zusammen verbringen.

- Wie viel echte Paarzeit haben Sie (im Monat, in der Woche, am Tag)?
- Was tun Sie während dieser Zeit?
- Über welche Themen reden Sie?
- Wie tauschen Sie sich über Ihre Gefühle und Bedürfnisse aus?

An welcher Stelle stehe ich bei dir?

Oft genug sind Streits, Vorwürfe und schwindende Nähe nichts anderes als missachtete Warnsignale. In den meisten Auseinandersetzungen geht es in Wirklichkeit um den Mangel an Aufmerksamkeit, Vertrauen, Respekt, Anerkennung und Verständnis. Was die Partner sich eigentlich direkt oder indirekt mitteilen wollen ist: »Ich habe Angst, dich zu verlieren; ich brauche mehr Aufmerksamkeit von dir; ich will, dass du für mich da bist.« Auf diese Weise fordern die Partner Beachtung ein, während sie sich mit unausgesprochenen Fragen quälen:

- An welcher Stelle stehe ich bei dir?
- Bist du für mich da, wenn ich dich brauche?
- Bin ich überhaupt noch wichtig für dich?
- Kann ich mich auf dich verlassen?
- Liebst du mich so, wie ich bin?

Viele dieser Fragen lassen sich durch einen Trick sehr schnell und tief greifend beantworten: Schaffen Sie es, Ihrem Partner zehn Minuten lang in die Augen zu schauen, ohne dabei zu reden? Und ohne zu mogeln, also auch nicht Hände, Füße oder Grimassen nutzen. Durch Ihre Augen können andere in Ihr Herz blicken. Lassen Sie Ihren Partner da hinein? Innige Blicke sagen mehr als tausend Worte. Probieren Sie es aus. Im Anschluss können Sie sich darüber austauschen, was Sie erlebt haben. Frischverliebte schenken sich ständig derart intensive Blicke. Wann haben Sie Ihrem Partner das letzte Mal tief in die Augen geschaut? Liebevolles Anschauen ist ein erster Schritt zur gelingenden Kommunikation. Testen Sie es! Ihr Engagement wird sich lohnen.

Beständigkeit und Sicherheit

Nicht immer sind Beständigkeit und Sicherheit erstrebenswert. Das Ziel einer glücklichen Langzeitbeziehung liegt nicht im Verteidigen von Gewohnheiten, sondern im Entdecken von Veränderungen. Viele Paare konzentrieren sich so sehr auf den Aufbau ihrer Sicherheit, dass Sie die für ein glückliches Liebesleben wichtige Abwechslung sträflich vernachlässigen. Einander zu inspirieren, zu überraschen und gemeinsam Neues zu entdecken, auch aneinander, ist eine Herausforderung, die belohnt wird und nicht nur der Liebe, sondern auch der Erotik Raum zum beständigen Wachsen gibt. In Amerika untersuchten Psychologen in einem zehnwöchigen Experiment, wie man in Langzeitbeziehungen die Liebesgefühle neu entfachen kann: Das Geheimnis einer lang anhaltenden Liebe liegt in der Vermeidung von Langeweile und dem Ausprobieren von Neuem. Das Rezept für eine glückliche Beziehung besteht darin, immer wieder den ersten Schritt zu wagen.

Sammeln Sie ungewöhnliche Dates

Wenn Sie von nun an Zug um Zug Ihre Kommunikation verändern, können Sie nutzlos gewordene Routinen leichter durchbrechen. Ein schönes Ziel wäre, beflügelnde Aufregung durch neue Projekte und Erlebnisse in Ihren Alltag zu bringen. Überlegen Sie sich ein prickelndes Rendezvous, so können Sie das Gefühl von Verliebtsein wiederbeleben. Schön wäre es zum Beispiel, dafür einen Jour fixe im Monat zu haben, an dem Sie gemeinsam etwas Neues ausprobieren. Wenn Sie dabei abwechselnd die Regie übernehmen, können Sie sich wunderbar gegenseitig überraschen. Vielleicht ein neues Kino ausprobieren, ein Event-Restaurant besuchen oder sogar eine neue Sportart testen: Ihrer Fantasie sind keine Grenzen gesetzt. Im Internet finden Sie unter dem Suchbegriff »ungewöhnliche Ideen für ein Date« viele Inspirationen, von denen sicherlich auch die eine oder andere zu Ihnen und Ihrem Partner passt.

Was für Sie spannend ist, was Sie brauchen, um miteinander Spaß zu haben und sich einlassen zu können, oder was Sie lieber lassen sollten, wissen Sie selbst am besten. Sie sind der Spezialist für Ihr Leben. Niemand weiß besser, wie Ihr Leben aussieht und wie sich Ihre Beziehung anfühlt. Doch vergessen Sie dabei eines nicht: Wenn Sie immer nur das Gleiche tun, werden Sie nie etwas Neues erleben und nie etwas Neues fühlen. Glück liegt versteckt hinter der nächsten Herausforderung:

- Wann haben Sie das letzte Mal etwas gemacht, dass Sie noch nie zuvor gemacht haben?
- Wie hat sich das angefühlt?
- Was steht auf Ihrer »Müsste-ich-mal-ausprobieren-Liste« oder auf der »Was-ich-schon-immer-machen-wollte-Liste«?
- Was davon können Sie (nur) gemeinsam machen?
- Kennen Sie die Wünsche und Träume Ihres Partners?
- Wann haben Sie mal gemeinsam auf etwas hingearbeitet oder hingefiebert?

- Wann haben Sie sich zuletzt einen gemeinsamen, lang gehegten Traum erfüllt?

Menschen fühlen sich sofort besser, wenn sie an der Umsetzung ihrer Ziele arbeiten. Wer Schritt für Schritt seine Träume verwirklicht und sich mit dem beschäftigt, wofür er brennt, wirkt auch auf andere selbstbewusster, interessanter und viel attraktiver.

Es gibt viele Möglichkeiten und kein Patentrezept, denn jeder Mensch, jedes Paar ist anders. Jeder hat individuelle Bedürfnisse und eigene Träume. Aber in einer starken Beziehung unterstützen sich die Partner gegenseitig beim Umsetzen der Ziele und beim Verwirklichen der Wünsche. In der Liebe gibt es für verlorene Gelegenheiten kein Fundbüro. Es ist an Ihnen auszuprobieren, was Ihnen und Ihrem Partner guttut oder was Sie an den vorgeschlagenen Strategien variieren müssten, damit diese für Sie optimal funktionieren. Was benötigen Sie für Ihre Zufriedenheit und für das Gelingen Ihrer Liebe? Einen gemeinsamen Terminplan? Einen Jour fixe? Einen Babysitter? Oder benötigen Sie etwas vollkommen anderes – was könnte das sein?

Wir haben zu wenig Zeit!

Eliminieren Sie sämtliche Zeitfresser. Dinge, die keine anhaltend guten Gefühle machen und Sie Ihren Zielen nicht näherbringen, sind unnötige Zeitdiebe. Wenn Sie diese konsequent eliminieren, schaffen Sie den nötigen Freiraum für mehr Zweisamkeit. Das kann heißen, auf zielloses Surfen im Web zu verzichten oder bei der Arbeit weniger auf Perfektionismus und mehr auf die 80/20-Regel zu setzen. Eine Freundin von mir experimentierte mit einem Social-Media-Fastenmonat. Erschrocken über ihre Smartphone-Abhängigkeit verpflichtete sie sich anschließend dazu, die digitale Fußfessel abzulegen und Ihr Handy nur noch zum Telefonieren in die Hand zu nehmen.

- Wo lauern Ihre Zeitdiebe und Energievampire?
- Welche Termine belasten Ihren Kalender, ohne Ihnen wirklich wichtig zu sein?
- Bei welchen Tätigkeiten verzetteln Sie sich regelmäßig?
- Welche Aktivitäten oder Ämter könnten eingeschränkt oder abgegeben werden?
- Welche Aufgaben könnten Sie delegieren?

Manchmal macht es mehr Sinn, andere arbeiten zu lassen, als eine Aufgabe selbst zu erledigen. Vor allem dann, wenn jemand dieses Projekt viel schneller oder besser erledigen kann als Sie selbst. Auch wenn das Instruieren eines Helfers zusätzlich Zeit kosten kann, ist es auf lange Sicht sinnvoller, als alles an sich zu reißen. Nutzen Sie Ihre gewonnene Zeit und genießen Sie das gute Gefühl, einem anderen Menschen den Lebensunterhalt zu sichern oder ihm zumindest ein Zusatzeinkommen zu ermöglichen.

Manchmal liegt die Lösung einfach nur darin, regelmäßig Pausen einzulegen. Paradoxerweise führt dies laut Forschung dazu, dass wir schneller mit unseren Vorhaben fertig werden. Statt stur durchzuarbeiten, gönnen Sie sich jede Stunde mindestens eine fünfminütige Verschnaufpause. Dann sind Sie abends für die schönen Dinge nicht mehr zu müde und können die vorhandene »Erwachsenenzeit« sinnvoller nutzen.

Die Sieben-Wochen-Challenge

»Ein guter Schauspieler muss zwei Dinge perfekt beherrschen: Er muss überzeugend sterben können und in der Lage sein, mit einer leidenschaftlichen Liebesszene sein Publikum zu verzaubern.« Als ein erfolgreicher Schauspieler und guter Freund meines Mannes dies vor ein paar Jahren zum Besten gab, dachte ich sofort, dass es einleuchtend sei. Schließlich wird in fast jeder Bühnen- oder Filmgeschichte geliebt, gestorben oder beides. Ich habe ihn daraufhin gefragt, was von beidem schwieriger wäre. Er gab zu, dass die größeren Herausforderungen in den Liebesszenen versteckt lägen. Da ich ihn verwundert ansah, fuhr er fort: »Das Problem dabei ist, dass ich mir meine Schauspielpartner selten aussuchen kann. Und nicht immer finde ich die Partnerin, mit der das Skript und der Regisseur mich verkuppelt haben, attraktiv. Es kann sogar das ganze Gegenteil sein. Ich musste mal eine Kollegin vor laufender Kamera verführen, die ich ausgesprochen unsympathisch fand.« – »Wow, darüber habe ich noch nie nachgedacht. Das stelle ich mir ganz schön schwierig vor. Wie machst du das? Gibt es da einen Trick?«, fragte ich ihn. »Einfach ist es in der Tat nicht, aber mit ein wenig Übung kann man es lernen!« In seiner Schauspielausbildung gab es dafür sogar ein eigenes Fach und das hieß »Verlieben«. Unterricht im Verlieben? Cool! Spätestens da hatte er meine volle Aufmerksamkeit. »Jeder Mensch hat irgendetwas Schönes oder Liebenswertes an sich. Der Trick besteht darin, sich genau darauf zu konzentrieren und alles andere auszublenden. Ich habe zum Beispiel vor drei Jahren bei einer Fernsehproduktion die eben erwähnte Kollegin zugeteilt bekommen, die ich gar nicht schätze. Der Dame ist ihr Erfolg zu sehr zu Kopf gestiegen, und nun bedient sie jedes Klischee einer Diva. Aber ich muss zugeben, dass sie wunderschöne Hände hat. Also habe ich mich darauf konzentriert und die ganzen Liebesszenen eigentlich nur mit ihren Händen gedreht. Das heißt natürlich nicht, dass ich ihr beim Küssen auf die Hände gestarrt hätte. Es geht vielmehr um die innere Haltung, die Einstellung einer Person gegenüber.« Ich dachte daran, dass ich mich ähnlich verhalte, wenn ich mich wegen irgendeiner Kleinigkeit über meinen Mann ärgere. In solchen Momenten erinnere ich mich schnell daran, dass er so viele andere, wichtigere und hinreißende Eigenschaften hat. Mit dem Fokus auf den positiven und liebenswerten Anteilen eines Menschen ist es leichter, das eigene Herz zu öffnen.

Auf Kommando verlieben

Bei einem Schauspieler muss dieser Vorgang auf Knopfdruck funktionieren, und deshalb gab es bei der Ausbildung eine drastische Übung dafür: Die Teilnehmer wurden in zwei Gruppen eingeteilt. Die erste Gruppe bildete einen inneren Kreis und die zweite einen äußeren, sodass immer jeweils zwei Teilnehmer einander gegenüberstanden. Diese beiden mussten sich nun innerhalb von zwei Minuten ineinander »verlieben«. Der Lehrer hatte eine Stoppuhr, und wenn die Zeit abgelaufen war, wies er die Mitglieder des Außenkreises an, ein paar Schritte im Uhrzeigersinn zu gehen, bis sie vor dem nächsten Partner standen. Auch hier hieß es wieder, innerhalb von zwei Minuten das Liebenswerte beim Gegenüber lokalisieren, fokussieren und dann: »verlieben!«

Na, was schätzen Sie, wie lange würden Sie brauchen, um bei jemandem ein attraktives Detail zu finden und sich darauf zu konzentrieren? Wenn Sie sich nicht überwinden könnten, diese Übung mit irgendeinem Wildfremden zu machen, ist das völlig in Ordnung. Aber bei dem Menschen, den Sie sich ausgesucht haben, um mit ihm Ihr Leben zu teilen, sollten Sie schon in der Lage sein, die reizvollen, liebenswerten, wundervollen und sexy Eigenschaften gezielt wahrzunehmen.

Stecken Sie Ihre Energie nie in die Verärgerung, sondern lieber in die Veränderung!

Wenn Sie sich spontan noch nicht vorstellen können, diese positive Fokussierung gegenüber Ihrem eigenen Partner zu vollziehen, so lässt dies einiges an Frust vermuten. Manchmal ist der Scherbenhaufen schon recht groß und muss mit Geduld Stück für Stück abgetragen werden. Nehmen Sie sich in Gedanken Ihre Antworten zu den Fragen auf Blatt Nummer drei (Alles, was positiv und schön ist oder einmal war) zu Hilfe und als Wegweiser für die positive Fokussierung.

Sieben Wochen für die Liebe

Wir verändern unsere Gewohnheiten, wenn wir für längere Zeit konsequent etwas anders gestalten. Setzen Sie sich daher für die nächsten sieben Wochen zum Ziel, sich verstärkt auf die angenehmen Seiten Ihres Lebens und Ihrer Beziehung zu konzentrieren, damit der positive Fokus sich verfestigt. Beherzigen Sie in dieser Zeit bitte auch die Einmal-am-Tag-Regel. Kritisieren Sie also andere oder sich selbst höchstens einmal am Tag. Überlegen Sie, ob es auf Ihrem Blatt der Kritik Punkte gibt, von denen Ihr Partner nichts weiß, aber unbedingt wissen sollte. Dann teilen Sie ihm dies bitte respektvoll und bei einer ungestörten Gelegenheit mit. Ansonsten verbrennen Sie die Blätter der Kritik (mit den Nummern eins und zwei), ohne den Inhalt mit dem Partner zu teilen, damit Ihr Kopf frei wird für eine positive Zukunft zu zweit. Wenn Ihr Partner mitgearbeitet und diese Fragen ebenfalls beantwortet hat, verbrennen Sie all Ihre kritischen Gedanken gemeinsam. Anschließend lesen Sie sich gegenseitig Blatt drei (Das Gute an der Beziehung) und Blatt vier (Ihre Wünsche und Träume) vor. Füllen Sie in den sieben Wochen jeden Abend Ihr Drei-Punkte-Tagebuch. Wenn Sie wollen, können Sie dies sogar gemeinsam machen. Setzen Sie Ihre Gesundheit in den ersten vier Wochen ganz nach oben auf Ihre Prioritätenliste und sorgen Sie mit radikaler Selbstliebe für das eigene Wohl. *Danach* können Sie sich liebevoll um Ihren Partner und Ihre Beziehung kümmern. Organisieren Sie nach Möglichkeit in den sieben Wochen mindestens zwei ungewöhnliche Dates mit Ihrem Partner – gerne auch in Form der Dschinn- und Dschinnie-Übung.

Wenn Sie die sieben Wochen für die Liebe durchhalten, werden Sie erstaunliche Veränderungen wahrnehmen. Ziehen Sie dann Bilanz. Je nachdem, ob Sie diese Beziehungsarbeit allein oder zu zweit geleistet haben, können Sie das nur für sich oder gemeinsam tun:

- Was ist Ihnen aufgefallen?
- Was war besonders gut?

- Was hätten Sie anders machen können?
- Welche Erkenntnis war schmerzhaft, welche überraschend, welche lustig?
- Wann und wo haben Sie erste Auswirkungen und Veränderungen wahrgenommen?
- Was haben Sie daraus gelernt?
- Was möchten Sie gerne beibehalten?
- Was möchten Sie für die Zukunft noch mehr beherzigen?
- Was versprechen Sie sich hoch und heilig?

Ich hoffe, dass Ihnen die Erkenntnisse aus diesem Buch die Kraft und die Zuversicht geben, um weiterzumachen und am Ball zu bleiben. Wenn Sie es wirklich wollen, können Sie Ihre Beziehung verändern. Wenn Sie nicht mehr wirklich wollen, ist das auch völlig in Ordnung, solange Sie weder sich selbst noch anderen etwas vormachen. Mit Engagement und der Bereitschaft, sich mit dem eigenen Denken und Handeln ehrlich auseinanderzusetzen, lässt sich jede gewünschte Veränderung auch erfolgreich umsetzen.

»Wer etwas will, findet Wege, wer nicht, findet Gründe.«
(Albert Camus)

Von kleinen Kindern lernen

Wie so oft im Leben können wir von kleinen Kindern viel lernen: Ihre ersten Gehversuche sind nicht sofort erfolgreich, aber sie lassen sich nicht entmutigen, stehen wieder auf und probieren es so oft aufs Neue, bis sie den Dreh heraushaben. Auch in Sachen radikale Selbstliebe können wir uns eine Menge von ihnen abschauen: Sie kommunizieren klarer und direkter, was sie wollen oder verabscheuen. Auf Spielplätzen kann man wunderbar beobachten, wie Kinder es schaffen, sich untereinander zu verständigen, selbst wenn sie nicht die gleiche Sprache sprechen und in verschiedenen Kulturen aufgewachsen sind. Dort kann man auch erleben, wie Kinder sich wegen Nichtigkeiten zanken und anbrüllen. Streitende Partner benehmen sich oft genauso, aber mit einem bemerkenswerten Unterschied: Nach fünf Minuten ist bei Kindern alles vergessen, und man baut wieder gemeinsam an der schönsten Sandburg, weil das befriedigender ist, als sich die Schippe auf den Kopf zu hauen. Als Erwachsene scheinen wir das Wesentliche manchmal aus dem Blick zu verlieren.

Auch wenn es eine große Herausforderung sein kann, radikale Selbstliebe auszuüben und stets liebevoll auf den Partner zuzugehen: Es lohnt, sich auf das Abenteuer Liebe mit ganzem Herzen einzulassen. Ich wünsche Ihnen den Mut, zu Ihren Gefühlen zu stehen und die Weisheit, dem Weg in Ihr persönliches Glück zu trauen!

Anhang

Dank

Ich habe Grund, dankbar zu sein! Ich hatte das große Glück, als junges Mädchen eine liebevolle Deutschlehrerin zu haben, die mir die wunderbare Überzeugung ins Hirn gepflanzt hat, dass ich die geborene Autorin sei. So beschloss ich schon in jungen Jahren, später einmal zu schreiben. Dieses Buch gäbe es aber nicht ohne die Unterstützung und die Erfahrung vieler lieber Menschen in meinem Leben. Ein großer Dank geht an Lars Schultze-Kossack, der mich dazu ermutigt hat, ein Buch speziell zum Thema Beziehungs-Burnout zu schreiben. Ich danke auch meinen Freunden, die mir bei der Entstehung geholfen und mich im Schreibprozess unterstützt haben. Auch meinen Klienten gilt mein Dank, denn durch sie durfte ich über viele Jahre wertvolle Erfahrungen sammeln, die ich hier einfließen lassen konnte.

Es gibt einen Menschen, ohne den das Projekt definitiv nicht entstanden wäre, die Rede ist von meinem liebevollen, geduldigen und hochkreativen Mann. Er hat mich unterstützt, gefördert und gefordert, wo er nur konnte, und hat dieses Buch immer wieder mit wachem Verstand und therapeutischem Blick gegengelesen. Durch ihn weiß ich, dass eine Liebesbeziehung mit den Jahren immer schöner und bereichernder werden kann und dass die Prinzipien, von denen ich in diesem Buch berichte, tatsächlich funktionieren. Ich freue mich auf unsere gemeinsame Zukunft und hoffe, dass dieses Buch möglichst vielen Menschen dazu verhilft, genauso schöne Träume zu leben und eine gemeinsame Beziehungsgrundlage zu entwickeln, für die sich der tagtägliche Einsatz lohnt.

Literatur

Algoe, Sara B./Gable, Shelly L./Maisel, Natalya C.: It's the little things: Everyday gratitude as a booster shot for romantic relationships. Personal Relationships, 17 IARR University of Illinois, Urbana-Champaign 2010

Ariely, Dan: Denken hilft zwar, nützt aber nichts: Warum wir immer wieder unvernünftige Entscheidungen treffen. München 2008

Ballreich, Rudi/Hüther, Gerald: Du gehst mir auf die Nerven! Neurobiologische Aspekte der Konfliktberatung. Mülheim-Baden 2009

Bargh, John A./Chen, Mark/Burrows, Lara: Automaticity of Social Behavior: Direct Effects of Trait Construct and Stereotype Activation on Action. New York University: Journal of Personality and Social Psychology 1996, Vol. 71, No. 2, 230–244

Bernhardt, Klaus: Panikattacken und andere Angststörungen loswerden: Wie die Hirnforschung hilft, Angst und Panik für immer zu besiegen. München 2017

Bernhardt, Klaus: Depression und Burnout loswerden: Wie seelische Tiefs wirklich entstehen, und was Sie dagegen tun können. München 2019

Bowlby, John: Bindung als sichere Basis. Grundlagen und Anwendung der Bindungstheorie. München 2014

Breines, Juliana/Chen, Serena: »Self-compassion increases self-improvement motivation«. Personality & Social Psychology Bulletin 2012 Sep; 38(9):1133-43

Brown, Brené: Verletzlichkeit macht stark: Wie wir unsere Schutzmechanismen aufgeben und innerlich reich werden. München 2013

Bucay, Jorge/Salinas, Silvia: Liebe mit offenen Augen. Frankfurt/M. 2010

Carvalho, Sérgio A./Gillanders, David/Palmeira, Lara/Pinto-Gouveia, José/Castilho, Paula: »Mindfulness, selfcompassion, and depressive symptoms in chronic pain: The role of pain acceptance«, in: Clinical Psychology Volume 74, Issue12 December 2018 Pages 2094–2106

Chapman, Gary: Die fünf Sprachen der Liebe: Wie Kommunikation in der Ehe gelingt. Marburg 2012

Charvet, Shelle R.: Wort sei Dank: Von der Anwendung und Wirkung effektiver Sprachmuster. Angewandtes NLP. Paderborn 1998

Charvet, Shelle R.: Words That Change Minds: The 14 Patterns for Mastering the Language of Influence. Institute for Influence 2019

Clement, Ulrich: Guter Sex trotz Liebe: Wege aus der verkehrsberuhigten Zone. Berlin 2006

Chopra, Deepak/Chopra, Gotham: Entdecke die Kraft der Superhelden in dir ... und verändere die Welt. Bielefeld 2012

Damasio, Antonio, in: Tepperwein, Kurt: Öffne dich und liebe. München 2008

Dieterich: Marianne (Hrsg.): Fortschritte der Neurologie und Psychiatrie. 83 (05) Stuttgart 2015

Dijksterhuis, Ap: Das kluge Unbewusste: Denken mit Gefühl und Intuition. Stuttgart 2015

Ebbesen, Ebbe B./Duncan, Birt/Konečni, Vladimir J.: »Effects of content of verbal aggression on future verbal aggression: A field experiment«, in: Journal of Experimental Social Psychology. Amsterdam 1975

Fincham, F. D.: »The kiss of the porcupines. From attributing responsibility to forgiving.« International Association for Relationship Research, Personal Relationships, 7, 1–23. 2000

Fisher, Helen/Pawelke, Gudrun: Warum wir lieben. Die Chemie der Leidenschaft. Düsseldorf, Zürich 2005

Frankl, Viktor E.: Ärztliche Seelsorge: Grundlagen der Logotherapie und Existenzanalyse. Mit den »Zehn Thesen über die Person«. München 2007

Frankl, Viktor E.: »Paradoxical intention and dereflection« Psychotherapy: Theory, Research & Practice, Division of Psychotherapy (29), American Psychological Association, 12

Frankl, Viktor E.: … trotzdem Ja zum Leben sagen: Ein Psychologe erlebt das Konzentrationslager. München 2009

Freudenberger, Herbert/North, Gail: Burnout bei Frauen: Über das Gefühl des Ausgebranntseins. Frankfurt/M. 2012

Gailliot Matthew T./Baumeister Roy F./DeWall C. Nathan/Maner Jon K./Plant E. A./ Tice D. M./Brewer L. E./Schmeichel B. J.: »Self-Control Relies on Glucose as a Limited Energy Source«, in: Journal of Personality and Social Psychology. American Psychological Association 2007

Gelles, Richard J.: »Violence in the Family: A Review of Research in the Seventies.« Journal of Marriage and Family, Vol. 42, No. 4, Decade Review 1980. Published by: National Council on Family Relations

Gilbert, Daniel: Ins Glück stolpern: Suche dein Glück nicht, dann findet es dich von selbst, München 2008

Gillath, Omri/Bunge, Silvia A./Shaver, Phillip R./Wendelken, Carter/Mikulincer, Mario: »Attachment-style differences in the ability to suppress negative thoughts: Exploring the neural correlates«, in: NeuroImage Volume 28, Issue 4 Dez. 2005

Giltay, Erik J./Kamphuis, Marjolein H./Kalmijn, Sandra/Zitman, Frans G./Kromhout, Daan: »Dispositional Optimism and the Risk of Cardiovascular Death: The Zutphen Elderly Study.« Archives of Internal Medicine 2006

Gottman, John/Silver, Nan: Die Vermessung der Liebe. Vertrauen und Betrug in Paarbeziehungen. Stuttgart 2016

Gottman, John : Die 7 Geheimnisse der glücklichen Ehe. Berlin 2014

Herbert, Betty: 52 Verführungen: Ein Paar holt sich die Lust zurück. München 2012

Helmreich, Isabella/Lieb, Klaus: »Resilienz Schutzmechanismen gegen Burnout und Depression«, in: InFo Neurologie & Psychiatrie 2015, Volume 17, Issue 2, pp 52–62

Hooley, Jill M.: »Criticism and the Course of Mental Disorders«, in: Schutt, Russell K.: Social Neuroscience: Brain, Mind, and Society. Harvard 2015

Kahneman, Daniel: Schnelles Denken, langsames Denken. Berlin 2012

Klees, Katharina: Paare im Konflikt. Ostfildern 1996

Knörzer, Wolfgang/Amler, Wolfgang/Rupp, Robert: Mentale Stärke entwickeln – das Heidelberger Kompetenztraining in der schulischen Praxis. Weinheim 2011

Lerner, Harriet: Beziehungsregeln: Die ultimativen Tipps für alle, die Partnerschaftskrisen satt haben. München 2014

Levy, Becca R./Slade, Martin D./Kunkel, Suzanne R./Kasl, Stanislav V.: »Attitudes and Social Cognition: Longevity Increased by Positive Self-Perceptions of Aging«, in: Journal of Personality and Social Psychology, Vol. 83, 2002

Lindgren Astrid: Pippi Langstrumpf. Hamburg 1970

Ludersa, Eileen/Togaa, Arthur W./Leporea, Natasha/Gaserb, Christian: »The underlying anatomical correlates of long-term meditation: Larger hippo-campal and frontal volumes of gray matter«, in: NeuroImage Volume 45, 2009

Maruta, Toshihiko/Colligan, Robert C./Malinchoc, Michael/Offord, Kenneth P.: »Optimists vs Pessimists: Survival Rate Among Medical Patients Over a 30-Year Period«, in: Mayo Clinic Proceedings 2000

McNeill, David: Gesture and Thought. Chicago 2005

Moeller, Michael L.: Die Liebe ist das Kind der Freiheit. Reinbek 2010

Muise, Amy/Schimmack, Ulrich/Impett, Emily A.: »Sexual Frequency Predicts Greater Well-Being, But More is Not Always Better«, in: Social Psychological and Personality Science, Vol. 7 issue 4, 295-302, 2015

Nagler, William/Androff, Anne: Die 6 schmutzigen kleinen Regeln der Liebe. München 1993

Patterson, Kerry/Switzler, Al/McMillan, Ron/Grenny, Joseph: Heikle Gespräche. Worauf es ankommt, wenn viel auf dem Spiel steht. Wien 2012

Proyer, René T./Gander, Fabian/Wellenzohn, Sara/Ruch, Willibald: »Nine beautiful things: A self-administered online positive psychology intervention on the beauty in nature, arts, and behaviors increases happiness and ameliorates depressive symptoms«, in: Personality and Individual Differences, The Official Journal of the International Society for the Study of Individual Differences (ISSID); Vol. 94. 2016

Reissman, Charlotte/Aron, Arthur/Bergen, Merlynn R.: »Shared Activities and Marital Satisfaction: Causal Direction and Self-Expansion versus Boredom«, in: Journal of Social and Personal Relationships, May 1993, vol. 10, no. 2, 243–254

Robinson, Jonathan: Das Geheimnis guter Paarkommunikation: Einfach und effektiv Konflikte abbauen und die Liebe stärken. Paderborn 2013

Rosenthal, Jacobson: Pygmalion im Unterricht. Weinheim 1971

Rosenthal, Robert/Fode, K. L.: »The Effect of Experimenter Bias on the Performance of the Albino Rat«, in: Behavioral Science 8 (1963), S. 183–189

Roth, Gerhard/Opolka, Uwe: Angst, Furcht und ihre Bewältigung. Oldenburg 2003

Roth, Gerhard: Fühlen, Denken, Handeln: Wie das Gehirn unser Verhalten steuert. Frankfurt/M. 2003

Schmidbauer Wolfgang: Hilflose Helfer: Über die seelische Problematik der helfenden Berufe. Reinbek 1992

Scherer, Hermann: Schatzfinder: Warum manche das Leben ihrer Träume suchen – und andere es längst leben. Frankfurt/M. 2014

Schnarch, David: Die Psychologie sexueller Leidenschaft. Stuttgart 2013

Schultz, Wolfram: »Dopamine neurons and their role in reward mechanisms«, in: Current Opinion in Neurobiology, Volume 7, Issue 2, April 1997, S. 191–197

Schulz von Thun, Friedemann: Miteinander reden 1: Störungen und Klärungen. Allgemeine Psychologie der Kommunikation. Hamburg 2010

Shafy, Samiha: »Wenn die Hirnmasse schrumpft«, in: Spiegel Wissen 1/2011

Shaw, Julia: Das trügerische Gedächtnis: Wie unser Gehirn Erinnerungen fälscht. München 2016

Spezzano, Chuck/Panster, Andrea: Beziehungs-Notfall-Set. Die Gesetzmäßigkeiten unserer Beziehungen verstehen. München 2009

Söllner W. et al.: »Repräsentation früher Bindungsbeziehungen und Emotionsregulation bei Patienten mit Burnout-Syndrom«, in: PPmP·Psychotherapie·Psychosomatik·Medizinische Psychologie 2016; 66 (6); S.227–234

Thiel, Christian: Streit ist auch keine Lösung: Wie Sie in Ihrer Partnerschaft das bekommen, was Sie wirklich wollen. Hannover 2013

Trincker, Dietrich: In: Verra, Stefan: Hey, dein Körper spricht! Worum es bei Körpersprache wirklich geht. Hamburg 2015

Vesper, Elke: Ist unsere Liebe noch zu retten? 12 Schritte zu einer starken Partnerschaft. Frankfurt/M. 2010

Welt.de: »15-jähriger Schüler revolutioniert die Krebsmedizin« Link: https://www.welt.de/gesundheit/article113630589/15-jaehriger-Schueler-revolutioniert-die-Krebsmedizin.html (aufgerufen am 21. Juli 2019)

Wissenschaft.de: »Lug und Selbstbetrug« Link: https://www.wissenschaft.de/umwelt-natur/lug-und-selbstbetrug/ (aufgerufen am 21. Juli 2019)

Woollett, Katherine/Maguire, Eleanor A.: »Acquiring ›the Knowledge‹ of London's Layout Drives Structural Brain Changes«, in: Current Biology. Dec. 2011

Zessin, Ulli/Dickhäuser, Oliver/Garbade, Sven: »The Relationship Between Self-Compassion and Well-Being: A Meta-Analysis«, in: Applied Psychology: Health and Well-Being, Volume 7, Issue 3 2015

Quellen

1 Fisher, Helen: Warum wir lieben. Die Chemie der Leidenschaft. Düsseldorf, Zürich 2005

2 Damasio, Antonio, in: Tepperwein, Kurt: Öffne dich und liebe. München 2008

3 Bucay, Jorge/Salinas, Silvia: Liebe mit offenen Augen. Frankfurt/M. 2010

4 Freudenberger, Herbert/North, Gail: Burnout bei Frauen: Über das Gefühl des Ausgebranntseins. Frankfurt am Main 2012

5 Shaw, Julia: Das trügerische Gedächtnis: Wie unser Gehirn Erinnerungen fälscht. München 2016

6 Proyer, René T./Gander, Fabian/Wellenzohn, Sara/Ruch, Willibald: »Nine beautiful things: A self-administered online positive psychology intervention on the beauty in nature, arts, and behaviors increases happiness and ameliorates depressive symptoms«, in: Personality and Individual Differences, The Official Journal of the International Society for the Study of Individual Differences (ISSID); Vol. 94. 2016

7 Rosenthal, Jacobson: Pygmalion im Unterricht. Weinheim 1971

8 Rosenthal, Robert/Fode, K. L.: »The Effect of Experimenter Bias on the Performance of the Albino Rat«. Behavioral Science 8 (1963), S. 183–189

9 Welt.de: »15-jähriger Schüler revolutioniert die Krebsmedizin« Link: https://www.welt.de/gesundheit/article113630589/15-jaehriger-Schueler-revolutioniert-die-Krebsmedizin.html (aufgerufen am 21. Juli 2017)

10 Charvet, Shelle R.: Words That Change Minds: The 14 Patterns for Mastering the Language of Influence. Institute for Influence 2019

11 Söllner W. et al.: »Repräsentation früher Bindungsbeziehungen und Emotionsregulation bei Patienten mit Burnout-Syndrom«, in: PPmP· Psychotherapie·Psychosomatik·Medizinische Psychologie; 66 (6); S. 227–234, 2016

12 Kahneman, Daniel: Schnelles Denken, langsames Denken. Berlin 2012

13 Lindgren Astrid: Pippi Langstrumpf. Hamburg 1970

14 https://www.wissenschaft.de/umwelt-natur/lug-und-selbstbetrug/

15 Roth, Gerhard/Opolka, Uwe: Angst, Furcht und ihre Bewältigung. Oldenburg 2003

16 Levy, Becca R./Slade, Martin D./Kunkel, Suzanne R./Kasl, Stanislav V.: »Attitudes and Social Cognition: Longevity Increased by Positive Self-Perceptions of Aging«, in: Journal of Personality and Social Psychology, Vol 83 2002

17 Giltay, Erik J./Kamphuis, Marjolein H./Kalmijn, Sandra/Zitman, Frans G./ Kromhout, Daan: »Dispositional Optimism and the Risk of Cardiovascular Death: The Zutphen Elderly Study.« Archives of Internal Medicine 2006

18 Trincker, Dietrich, in: Verra, Stefan: Hey, dein Körper spricht! Worum es bei Körpersprache wirklich geht. Hamburg 2015
19 https://programm.ard.de/TV/Programm/Jetzt-im-TV/?sendung=2811397 08773972
20 Roth, Gerhard: Fühlen, Denken, Handeln: Wie das Gehirn unser Verhalten steuert. Frankfurt/M. 2003
21 Schulz von Thun, Friedemann: Miteinander reden 1: Störungen und Klärungen. Allgemeine Psychologie der Kommunikation. Hamburg 2010
22 Hooley, Jill M.: »Criticism and the Course of Mental Disorders«, in: Schutt, Russell K.: Social Neuroscience: Brain, Mind, and Society. Harvard 2015
23 Nagler, William/Androff, Anne: Die 6 schmutzigen kleinen Regeln der Liebe. München 1993
24 Pausch, Randy: Last Lecture – Die Lehren meines Lebens 15. Dezember 2009
25 Fincham, F. D.: »The kiss of the porcupines. From attributing responsibility to forgiving«, in: International Association for Relationship Research 7, Personal Relationships, 1–23 2000
26 Kahneman, Daniel: Schnelles Denken, langsames Denken. Berlin 2012
27 Chapman, Gary: Die fünf Sprachen der Liebe: Wie Kommunikation in der Ehe gelingt. Marburg 2012
28 Brown, Brené: Verletzlichkeit macht stark: Wie wir unsere Schutzmechanismen aufgeben und innerlich reich werden. München 2013
29 Herbert, Betty: 52 Verführungen: Ein Paar holt sich die Lust zurück. München 2012